데이터기반 디지털 사회과학:
교육과 연구 사례

COMPUTATIONAL
SOCIAL SCIENCE

데이터기반
디지털 사회과학:
교육과 연구 사례

김장현, 김윤환, 이겨레, 김병준 지음

성균관대학교
출판부

CONTENTS

서론

디지털 사회과학의
사회적 의미

김장현

〈데이터기반 디지털 사회과학: 교육과 연구사례〉는 초대용량 저장장치, 5G 셀룰러네트워크와 초고속 광대역 인터넷, 예전 수퍼컴퓨터급 CPU를 지닌 PC와 스마트폰의 보급, 초고속 검색 소프트웨어의 발달 등과 함께 등장하고 있는 소위 컴퓨테이셔널 사회과학(Computational Social Science) 또는 디지털 사회과학이 앞으로 기존 사회과학에 어떤 변화를 일으킬 것일까뿐만 아니라 그러한 연구가 가져올 사회의 변화를 미리 짚어보기 위한 책이다. 또한 이 책은 데이터기반 디지털 사회과학의 연구 및 교육사례를 제공함으로써 앞으로 연구실과 교실이 어떤 변화를 맞이할 것인지 그 방향을 미리 짚어보고 쓸모 있는 교육자료를 제공하고자 함에 그 목적을 두고 있다.

먼저 '1장 사회과학과 텍스트마이닝 사례: Gephi 시각화 도구를 중심으로'(이겨레)에서는 데이터기반 사회과학에 자주 적용되는 네트워크(network) 분석 및 시각화 도구인 Gephi를 소개하였다. 교육 및 연구에서 다루는 데이터의 사이즈가 점점 더 커짐에 따라 데이터의 시각화(visualization)가 갖는 중요성은 점점 더 커지고 있다. 최근에는 시각화를 위한 소프트웨어나 일부 프로그래밍언어의 시각화 관련 라이브러리들이 매우 뛰어난 계산능력까지 겸하고 있는 경우가 많아서, 시각화 도구와 분석화 도구의 구분이 차츰 사라지고 있기도 하다.

그래프(graph)라고도 불리는 네트워크는 전체를 구성하는 개별 개체들끼리 맺고 있는 관계를 점(node)과 선(link)이라는 기본 단위로 추상화시켜 표현한 것을 가리킨다. 개별 개체는 점으로, 개체들끼리의 관계는 선으로 표현된다. 개체는 개인, 집단, 기업, 국가 등 사회적 행위자나, 도서, 문단, 단어 등 텍스트의 구성단위, 심지어 생체기관, 분자, 원자 등 무엇이든 될 수 있다. 개체들 사이의 관계 역시 친구, 경제적 거래, 외교적 관계로부터, 단어들의 같은 문장에서의 공출현(co-occurrence), 분자 사이의 단백질의 교환 등 다양하게 설정될 수 있다. 이처럼 점과 선을 통해 표현된 개체들의 관계에 대한 통계적인 분석을 통해, 집단의 특성을 집약적으로 표현할 수 있으며 아직 실현되지 않은 관계의 가능성이 무엇이고 장차 어떻게 실현될 것인지를 예측할 수 있다. 이러한 네트워크에 대한 관심은 사회과학 내에서도 오랜 역사를 가지고 있으며, 다양한 문제 해결에 적용되어 온 바 있다.

이 장에서는 의미 연결망 분석(semantic network analysis)의 맥락에서 네트워크 분석을 소개하였다. 의미 연결망 분석에서 노드는 메시지, 특히 메시지 내의 각 단어를 가리키는 경우가 많고, 링크는 단어 사이의 밀접한 관계, 즉 의미적 유사성을 가리킨다. 이렇게 구축된 네트워크에 통계적인 분석을 적용하여 전체 텍스트 및 하부 단위들의 의미를 파악하는 것이다. 이를 소개하기 위해 먼저 네트워크란 무엇이며,

어떻게 만들어지는지를 설명하였다. 그리고 의미 연결망 분석에서 주로 사용되는 밀도(density)와 중심성(centrality)에 대해 소개하였다.

다음으로는 Gephi의 사용방법을 소개하였다. 네트워크 분석에 익숙하지 않은 독자들을 위해 Gephi의 설치에서부터 사용법까지 그림과 함께 상세히 설명하였다. 처음 Gephi를 실행했을 때 만나게 되는 화면의 구성과, 이미 저장되어 있는 네트워크 데이터를 불러들이는 방법도 설명하였다. 이어서 네트워크에 대한 통계적 분석을 실시하는 방법도 소개하였다. 전체 네트워크 차원, 노드 차원, 링크 차원, 네트워크의 다이내믹스 등 네 가지 차원에서의 분석이 있음도 설명하였다. 네트워크 분석에서 중요한 부분을 차지하는 네트워크 시각화의 실행 방법도 소개하였다. 마지막으로 시각화에 원하는 부분만을 포함하는 방법과, 시각화의 결과물을 파일로 저장하는 방법도 설명하였다.

2장 '온라인 인공지능 서비스를 이용한 이미지, 동영상 데이터 분석방법과 사례'(김윤환)에서는 온라인 인공지능 서비스의 이용 방법과 활용 사례들에 대해 살펴보았다. 일부 사회과학에서 인공지능을 일종의 대상 현상으로만 간주하고 그것이 갖는 문제점을 주로 논의하는 모습을 볼 수 있다. 그러나 다른 기술들과 마찬가지로 인공지능 역시 도구로서의 성격을 갖는다. 사회과학자 역시 연구의 각 단계에 인공지능의 가능성을 어떻게 효율적으로 사용할 것인지를 생각해볼 필요가 있다. 이런 측면에서 온라인을 통해 제공되는 각종 인공지능 서비스는 큰 가능성을 갖는다. 복잡한 모델과 알고리즘을 직접 다루지 못하더라도, 온라인을 통해 분석할 데이터를 서버로 전송하기만 하면 다양한 분석 결과를 즉시 반환해주기 때문이다. 따라서 이공계열에 비해 기술적 숙련도가 낮은 인문사회 전공자들도 인공지능 기술을 간편하게 활용하여 자신의 연구에 응용할 수 있게 된다.

인공지능이 일정 수준 이상의 성능을 발휘하기 위해서는, 적절히 설계된 모델과 함께 많은 양의 학습 데이터가 필수적이다. 따라서 온라인 인공지능 서비스는 많은 양의 데이터를 보유하고 있는 대기업들에 의해 주로 운영된다. 이 장에서는 먼저 Microsoft Azure Cognitive Services의 Computer Vision API와 Face API를 소개하였다. Computer Vision API는 주어진 사진에 적절히 어울릴 만한 태그, 캡션과 사진 속에 등장하는 대상들이 무엇인가를 탐지함으로써 사진이 어떤 내용으로 이루어져 있는지를 파악하는 기능을 제공한다. Face API는 주어진 사진에 등장하는 얼굴의 연령, 성별, 감정, 기울인 각도 등 다양한 정보를 탐지해준다. IBM Watson의 AI 서비스는 주로 텍스트 분석에 강점을 가지고 있다. Personality Insights API는 특정인이 작성한 글이나 소셜 미디어 게시물을 업로드하면, 성격 5요인을 비롯한 성격 관련 변수들을 측정하여 반환해준다. 또한 Tone Analyzer는 주어진 텍스트 속에 나타난 각종 감정들을 탐지하여 반환해준다.

이러한 온라인 인공지능 서비스는 최근 사회과학 연구에서 점차 활용 사례가 늘어나고 있으며, 이 장에서도 대표적인 선행연구들을 요약 소개하였다. 인스타그램 이용자들의 성격과 그들이 게시한 사진의 특성을 살펴본 연구, 인스타그램 사진에 대한 분석을 통해 공중 보건 관련 모니터링에의 응용 가능성을 살펴본 연구들이 진행되었다. 정치 영역에서도 미국 대선의 주요 후보들의 토론 영상에 대한 분석,

한국의 대선 후보들의 TV 뉴스 보도에 대한 분석 등에 온라인 인공지능 서비스가 활용되었다. 또한 유명 인사들의 소셜 미디어 게시물을 통해 그들의 성격적 특성을 살펴본 연구, 총기 난사범의 메모를 분석하여 그들의 성격적 특성을 알아본 연구, 브랜드의 소셜 미디어 계정의 팔로워들의 성격을 살펴본 연구 등이 진행되어 왔다. 이러한 사례들은 독자들에게 새로운 연구에 대한 아이디어를 제공하는 좋은 자극제가 될 것으로 기대한다.

3장 '사진의 저수준 특성'(김윤환)에서는 사진의 저수준 특성(low-level features)에 대한 내용을 다루었다. 온라인 공간에서 시각 데이터가 차지하는 비중이 급속히 늘어나고 있으며, 특히 젊은 세대들은 주로 사진이나 동영상 등을 통해 소통하는 문화가 자리 잡고 있다. 그러나 사회과학의 연구 대상은 아직까지 주로 텍스트 데이터에 머무르는 경향을 보이고 있으며, 시각 데이터에 대한 계량화된 분석은 상대적으로 활발하게 이루어지지 못하고 있다. 이 장에서는 내용적 차원과 함께 시각 데이터의 또 다른 축을 이루는 저수준 특성에 대해 살펴보았다. 텍스트 데이터와 달리 디지털 사진은 화소(pixel)로 이루어져 있으며, 이러한 화소들에 포함된 정보들을 적절히 분석하면 사진에 대한 또 다른 종류의 정보를 얻어 분석에 사용할 수 있다. 화소 차원의 정보를 집약해서 보여주는 특성들 중 몇 가지를 소개하고, 그것의 계산 방법도 코드와 함께 제시하였다.

먼저 색채(color) 관련 특성들을 다루었다. 디지털 사진의 각 화소에는 색채 정보가 들어있는데, RGB(Red, Gree, Blue), HSV(Hue, Saturation, Value) 등의 방식으로 표현된 숫자들이 담겨져 있다. 이 숫자들의 평균, 분산 등의 통계치는 주어진 사진의 특성을 나타내는 측정치가 된다. 또한 이러한 숫자들에 대한 2차적인 연산을 통해 새로운 측정치들을 개발할 수도 있다. 이 장에서는 사진의 색채 화려함(colorfulness), 색채 다양성(color diversity), 색채 조화(color harmony)를 소개하였다. 이러한 측정치들을 통해 여러 사진들이 갖는 차이들을 계량화시켜 표현할 수 있다.

이어서 인간이 느끼는 감정과 저수준 특성을 연결시킨 PAD 모델에 대해서도 소개하였다. 인간의 감정을 pleasure-arousal-dominance라는 세 가지 차원으로 나타내고, 주어진 사진의 화소 정보를 통해 사진의 감정을 3차원 공간의 한 점으로 표시하는 것이다. 또한 이미지의 매력(attractiveness)에 대한 측정치도 소개하였다. 자연스러움(naturalness), 대비(contrast), 선명함(sharpness) 등 사진을 본 사람으로 하여금 매력적으로 느끼도록 할 수 있는 측정치들을 소개하고 계산 방법도 제시하였다.

아울러 사회과학 연구에서 위와 같은 저수준 특성들이 활용된 사례들도 소개하였다. 인스타그램 이용자들의 성격을 측정하고 그들이 게시한 사진의 저수준 특성들을 측정하여 양자 사이의 연관성을 살펴본 연구들이 있다. 또한 플리커 이용자들의 성격과 그들이 마음에 든다(favorite)고 태그한 사진의 저수준 특성 사이의 연관성을 살펴본 연구들도 있다. 이러한 연구들은 소셜 미디어 이용자들의 성격이 사진의 내용뿐만 아니라 화소를 통해서도 표현되고 있음을 보여줬다는 점에서 의미가 있다고 할 수 있다. 나아가 우울증을 가진 인스타그램 이용자들의 사진에 대한 분석을 통해, 사진에 대한 분석만으로도 이용자의 우울증 여부를 예측할 수 있음을 보여준 연구도 있다. 이처럼 게시자와 사진의 특성과의 연관성뿐만 아니라, 사진의 특성과 그 사진을 보는 사람의 반응 사이의 연관성을 살펴본 연구들도 있다. 백신과 관련된 트윗 중 사진을 포함한 트윗이 리트윗되는지 여부를 사진의 특성으로부터 예측할 수 있음을 보여준 연구, 미국의 질병 관리 본부의 인스타그램 게시판에 게시된 사진을 분석하여 공중의 관여도를 사진의 특성으로부터 예측할 수 있음을 보여준 연구 등이 있다. 이러한 연구 사례들은 기존의 사회과학 연구들을 통해 접하기 어려웠던 접근을 보여줌으로써, 독자들에게 좋은 참고가 될 것으로 기대한다.

4장 '사회/의미망(소셜/시멘틱) 네트워크 분석을 이용한 연구 사례'(김장현/김병준/김윤환)는 저자가 참여한 연구를 중심으로 사회 네트워크 분석기법과 의미망 네트워크 분석기법이 실제 연구에서 어떻게 적용되는지를 보여준다.

이상으로 간략하게 이 책의 내용을 훑어보았다. 사실 사회과학뿐만 아니라 인문학 역시 디지털과의 접목이 광범위하게 이뤄지고 있다. 2000년대 이후 KCI 등재지 시스템이 자리 잡으면서 인문사회과학 학술지는 계속 양적인 성장을 기록하고 있다. 2019년 12월 현재 인문학 등재(후보)지는 총 584종에 달하며, 사회과학 등재(후보)지는 910종을 기록하였다. 인문사회과학 두 분야의 등재(후보)지를 더하면 1,494종으로 전체 등재(후보)지 총 2,518종의 약 70% 정도다. 이는 인문사회과학 분야의 학술지가 국내 학술 생태계에서 매우 큰 비중을 차지하고 있음을 보여준다.

그러나 다채로운 학술지 수만큼이나 활발한 연구가 인문학계에서 이뤄지고 있는지는 의문이다. 분과 학문 내(內) 세부 전공별 복수의 학회지가 있을 정도로 연구의 전문성은 깊어지고 있을지도 모른다. 정작 개별 연구 결과가 학술장 안에서 많은 동료 연구자들에게 제대로 전달됐는지 알기가 쉽지 않다. 또한 자연과학/공학보다 호흡이 긴 인문학 연구의 특성상 논문을 통한 학술 커뮤니케이션이 적극적으로 일어나기 어렵다는 주장도 있다.

빅데이터 분석 도구의 발달로 연구자들은 이전보다 손쉽게 서지 데이터에 접근 가능하다. 아무리 많은 논문을 읽고 참고하는 연구자라도 매년 쏟아지는 수만 편의 논문을 모두 확인하기란 불가능하기에, 파이썬 등의 분석 도구는 필수적이다. 즉 빅데이터 분석 도구를 활용한 계량서지학은 각 학문장의 메타연구로서 작용해 지금까지의 연구를 거시적으로 조망하고 앞으로의 연구 트렌드를 예측해 볼 수 있을 것이다.

이 책이 데이터기반 인문사회과학 변화의 단초를 읽는 데 도움이 되기를 바란다. 책 내용의 오류에 관한 책임은 저자, 특히 책임저자인 김장현에게 있음을 밝혀둔다.

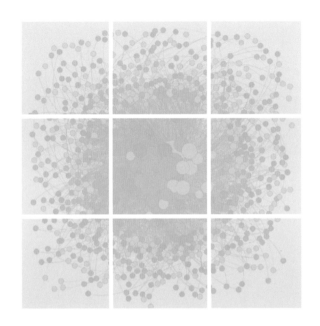

1장

사회과학과 텍스트마이닝 사례: Gephi 시각화 도구를 중심으로

이겨레

사회과학 데이터를 시각적으로 표현하는 것은 데이터를 분석하는 사람뿐만 아니라, 데이터를 해석하는 상대방에게도 중요하다. 즉, 단순한 정형데이터 구조를 그대로 제시하는 것을 넘어, 이 데이터가 가지고 있는 인사이트를 끄집어내어 표현하는 것이 중요하단 것이다.

사회과학 데이터를 시각적으로 표현하는 방법은 특히 통계분석에 기인한 그래프와, 통계분석결과 도표가 일반적이었으며 2000년대 이후 연결망이론 등을 사회과학 분야에 적용하여 질적연구방법론의 거대화를 도모하는 시도들이 지속적으로 이뤄졌고, 2010년대 이후 컴퓨터 알고리즘을 통한 문서 집합에서의 잠재적인 주제를 추출하는 방법들이 사회과학 연구에 도입되어 연구가 이뤄지고 있다.

이번 시간에는 연결망이론 시각화의 분석 툴 중 하나인 게피(Gephi)를 활용하는 방법에 대해 함께 알아가보고자 한다.

게피란, Java언어를 중심으로 개발된 네트워크 분석 및 시각화 소프트웨어 패키지인데 초기 프랑스의 University of Technology Compiegne(UTC)에서 개발되기 시작했다. 최근 버전인 0.9.2의 경우

2017년 9월에 업데이트가 이뤄진 상황이다. 아래의 그림은 게피 소프트웨어의 로고이다.

네트워크 분석이란 노드(Node)들 간의 연결(Edge)관계에 대한 과정과 그 해석방법에 대한 연구를 일반적으로 지칭한다. 초기 네트워크 분석은 사회학 분야에서 사회연결망 연구로서 이뤄졌으며, 이 연구방법이 텍스트 분석에 적용되어 의미연결망 연구(Semantic Network Analysis)로 변형되어 다양한 분야에서 네트워크 분석 연구가 이뤄져 왔다.

의미연결망의 이론적 토대가 되는 사회연결망 분석(Social Network Analysis)에서 '노드(Node)'란 한 사람을 지칭한다. 그리고 이들 간의 관계가 연결된다면 이를 링크(link; Edge와 동일한 개념)선을 이으며, 이렇게 노드와 노드 사이의 연결은 개인 간의 상호 관계를 보여주게 된다. 이러한 관계성은 개인과 개인 사이의 연결을 명확하게 보여주기도 하며, 나아가 SNS상의 데이터를 활용한다면 다수의 사람들의 연결성이 어떻게 드러나는지 파악하게 도와준다.

이를 의미연결망 분석에 적용해 보면, '노드'는 사회연결망에서 활용되던 개인의 개념이 아니고, 의사소통에서 주요하게 다루어지는 '메시지'이며 사람이 아니라 단어로서 표현된다. 그리고 '링크(엣지)',

즉 연결 관계는 단어와 단어 사이의 연결 관계를 보여준다. 링크란, A라는 단어와 B라는 단어가 붙어 있으면, 서로간에 연결성을 지닌다고 파악하게 된다. 이를 통해 의미연결망 분석은 개별적으로 나뉜 단어들이 서로간에 어떠한 관련이 있는지 연결 관계로 보여주며, 의미의 표출이 거시적 차원에서 어떻게 나타나는지 네트워크 구조를 활용하여 파악할 수 있게 도와준다. 우리는 네트워크 분석을 바탕으로 가령 특정 사건의 현저성(Sailence)을 연구할 수 있는데, 특정 사건의 의미의 군집화를 해석하는 과정에서 어떤 부분이 강조되고 있는지 확인할 수 있고, 이를 바탕으로 쉽게 해석하기 어려운 거시적 차원의 사건을 미시적으로 해석할 수 있는 이론적 근거를 확보할 수 있다.

네트워크 구조의 개념

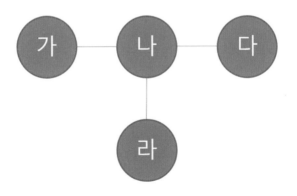

다음의 그림을 통해 앞서 이야기했던 노드와 엣지의 관계에 대한

설명을 추가적으로 진행하고자 한다. 위의 그림을 보면 [가], [나], [다], [라]라는 4개의 노드가 엣지라는 연결성을 가진 하나의 네트워크 구조라고 볼 수 있다. 위의 연결구조를 보면, [나]라는 노드는 모든 노드들과 연결성을 맺고 있으며 해당 네트워크 구조에서 중심에 위치한 노드라는 것을 확인할 수 있다.

네트워크의 구조는 매우 다양한 형태로 나타날 수 있는데, 통상적으로 이와 같은 네트워크의 시각화는 단어와 단어 사이의 매트릭스 데이터를 중심으로 이뤄진다. 여기서 단어와 단어의 매트릭스는 TF-IDF(Term Frequency - Inverse Document Frequency), 또는 코사인 유사도(Cosine Similarity)에 의해 계산된다. 이 부분을 간단히 이해하자면, 어떤 문장이나 문단에서 단어와 단어가 근접하여 위치할수록 서로간에 영향력이 높다라는 추정을 내포한다고 우선 머릿속에 개념을 구상하여도 좋다. 즉 위의 네트워크 상에서 [가]노드는 [다]노드보다 [나]노드와 상대적으로 강한 연결성을 가지고 있다고 해석할 수 있는 것이다.

의미연결망 분석에는 주로 밀도(Density), 중심성(Centrality)에 대한 파악을 진행한다. 중심성은 다양한 방법으로 측정되며, 연결망에서 노드의 '중요성'을 보여주는 척도로서 존재한다. 네트워크의 밀도(network density)는 노드 간의 연결된 정도를 표현하는 지표이다. 여기서 밀도의 측정은 네트워크 구조에서 최대로 가능한 선의 수와 실제 연결 숫자 간의 비율로 측정한다. 즉, 밀도의 수치를 살펴본다면 이 네트워크가 얼마나 연결되어 있는가를 파악할 수 있고, 연결의 정도가 높을수록 사회연결망 내에 존재하는 사람들 간의 관계가 견고하며 서로간에 교류가 높다는 것을 말한다. 이는 의미연결망 차원에서 생각했을 때, 단어와 단어 사이에 밀접한 연관성이 있다는 것으로 해석된다.

앞서 이야기한 중심성의 개념을 해석하는 방법에는 크게 연결중심성(Degree Centrality), 매개중심성(Betweenness Centrality), 근접중심성(Closeness Centrality), 아이겐벡터중심성(Eigenvector Centrality)과 같은 중심성 계산 공식들이 있으며 이 지표들을 연구자가 적절히 활용하여 네트워크 분석을 진행한다.

연결중심성은 연결정도(Degree)를 통해 중심성의 크기를 판단한다. 여기서 연결성은 한 노드가 다른 노드들과 얼마나 연결되었는지를 통해 표현된다.

매개중심성은 연결중심성과 유사한 위치에 있다고 볼 수 있는데, 섬과 섬 사이의 다리와 유사한 역할을 더 많이 수행할수록 매개중심성이 높다고 해석할 수 있다. 즉 노드 사이에 경유하는 노드가 적을수록 매개중심성은 높아진다.

근접중심성의 경우 노드와 노드 사이에 거쳐야 하는 노드의 숫자가 적을수록 근접 중심성이 높아진다.

아이겐벡터중심성의 경우 위세중심성으로 해석되는데, 특정 노드가 전체 네트워크에서 얼마나 영향력을 행사할 수 있는지를 측정함으로서 계산되어진다(김용학, 2014).

게피(Gephi) 설치하기

우선 게피 소프트웨어를 설치하기 위해 다음의 링크(https://gephi.org/)로 접속한다.

홈페이지에 접속한 뒤, 빨간색 박스로 표기된 [Download FREE] 버튼을 클릭하여 다음 웹 페이지로 넘어간다.

다음 페이지에서 0.9.2 버전의 게피 파일을 다운로드 받기 위해서
초록색 알약 모양의 버튼을 클릭하여 준다.

잠시 기다리면, 패키지 파일의 다운로드가 완료된다. 패키지 파일을 실행시키면 Setup 화면이 나타난다. 여기서 Next 버튼을 클릭하여 다음 단계로 넘어간다.

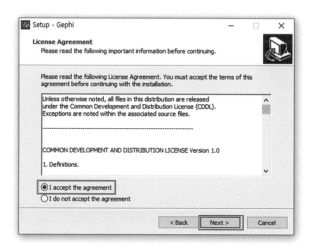

이 화면은 게피 라이선스에 동의하는지를 묻는 화면이다. 위 조항에 동의함을 체크한 뒤에 다음 버튼을 눌러주자.

동의 부분에 체크하고 다음 단계로 넘어왔다면, 게피 파일을 어느 위치에 설치할 것인지를 조정하는 화면으로 넘어오게 된다. 연구자의 취향에 따라 다른 위치를 설정하여주어도 무관하다. 파일 설치 경로의 설정을 마친 뒤, 다음 버튼을 눌러준다.

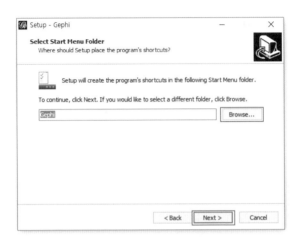

시작화면에 게피 파일의 메뉴를 구성할지 여부를 묻는 화면인데, 기본 옵션인 채로 다음 버튼을 눌러 설치를 진행하면 된다.

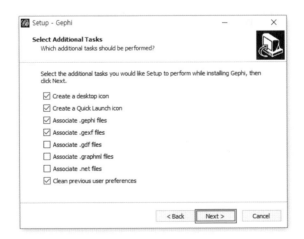

위 화면은 추가적인 옵션의 설정 여부를 묻는 화면이다. 기본 옵션을 따로 변경하지 않고 설치를 진행하는 것을 권장하며, 체크가 되지 않은 옵션들의 경우 추가적인 네트워크 시각화분석 프로그램들의 파일도 게피로 연결할 것인지의 여부를 묻고 있다. 다음 버튼을 누르자.

설치를 진행하기에 앞서, 최종적으로 프로그램 설치 경로와 시작 화면 및 추가 옵션에 대해 한 번 더 확인할 수 있도록 도와주는 화면이다. 연구자가 살펴보기에 문제가 없다면 Install 버튼을 눌러 설치를 진행해준다.

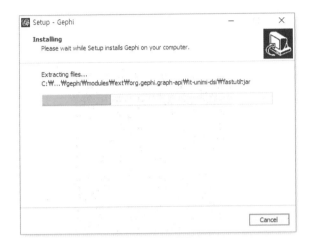

설치가 완료되면, 게피를 실행할 것인지 여부를 묻는 체크 박스가
나타나며, 곧바로 게피를 실행시키고자 하는 경우라면 체크를 하고,
그렇지 않다면 체크를 해제한 뒤에 Finish 버튼을 눌러서 게피 소프트
웨어의 설치를 마무리하면 된다.

게피(Gephi) 실행하기

  설치를 완료하면, 위와 같은 아이콘의 게피 소프트웨어 파일이 보여진다. 이를 클릭하여 실행해보자.

  프로그램을 실행하면, 위와 같은 기본 화면구성이 나타난다. 우선 간략하게 화면의 구성을 설명하고자 한다.

  1번: 노드와 엣지의 표현에 있어서 어떤 중앙성, 또는 군집화 지표

등을 이용할 것인지 체크하고, 노드와 엣지의 비중에 따른 색감을 어떻게 표현할 것인지 옵션을 설정할 수 있다.

2번: 네트워크 분석에서 어떤 방법을 활용해서 네트워크 시각화를 진행할지 체크하는 옵션을 제공한다. 대표적으로 Force Atlas와 같은 방법이 있다.

3번: 일차적으로 네트워크 시각화 분석화면을 보여주는 공간이다. 네트워크 시각화는 Overview와 Preview로 나뉘게 되는데, 3번의 공간은 Overview에 해당한다.

4번: 이 공간에서 중앙성 지표 및 빈도수, 군집화 등의 수치들을 계산할 수 있다. 또한 계산된 수치들의 우선순위를 조정할 수도 있으며, 어느 수치를 기준으로 연결성의 강도를 설정할 것인지도 이 화면에서 조율이 가능하다.

좌측 상단의 [파일] 버튼을 누르면 위와 같은 안내창이 뜨고, 여기서 [Open]을 클릭해주면 게피에서 분석할 수 있는 파일을 불러올 수 있다.

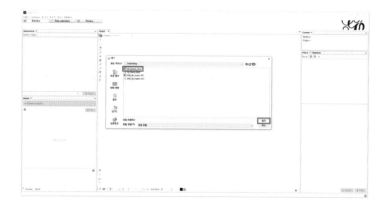

통상적으로 네트워크 분석을 위한 파일은 코사인 유사도로 계산된 메트릭스 파일을 주로 활용한다. 메트릭스 파일을 클릭한 뒤, 열기 버튼을 누르자.

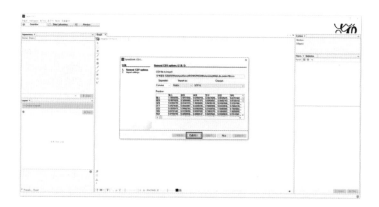

메트릭스 파일을 불러왔다면, 위와 같은 화면을 확인할 수 있다. csv 파일의 경우 구분자가(, 콤마)로 이뤄져 있기에 게피상에서도 separator가 Comma인 것을 확인할 수 있다. csv 파일이 잘 들어왔는지 확인했다면 다음 버튼을 눌러준다.

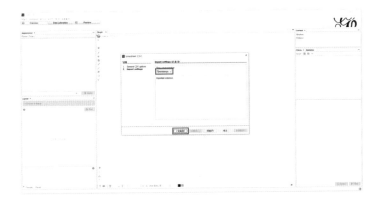

그러면 다음과 같은 시계열 자료의 설정화면이 나타나는데, 현재 활용하는 샘플의 경우 시계열 자료가 따로 들어 있지 않기에 그냥 마침을 눌러서 데이터 불러오기를 진행한다.

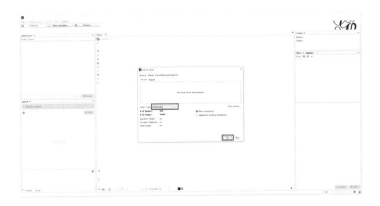

데이터를 불러왔다면, 메트릭스에 있는 자료들이 방향성이 있는지, 그렇지 않은지를 확인하기 위한 슬라이드로 넘어가게 된다.

Graph Type에서, 예제 데이터의 경우 각각의 자료들이 방향성이 존재하지 않기 때문에 Undirected 옵션으로 설정한 뒤, OK 버튼을 눌러준다.

　　데이터 불러오기 작업이 완료되면, 위의 빨간 박스처럼 노드와 엣지의 연결이 형성된 네트워크 데이터가 나타나 있는 것을 확인할 수 있다. 이 형태의 경우 아직 정제되지 않은 상황이기에 처음 연구자가 보기에 어떤 의미를 보여주고 있는지 확인하기 어려울 것이다. 이제 이 네트워크 구조를 정제하기 위한 과정을 살펴보도록 하자.

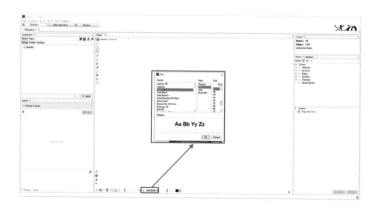

　　우선 폰트로 들어가서 연구자가 활용하고 싶은 폰트로 변경하여

준다. 그리고 나서 빨간색 박스로 씌워진 T자 모양을 클릭하면, 노드의 이름이 나타나는 것을 확인할 수 있다.

통계 수치의 연산

노드가 나타난 것을 확인했다면, 이제 네트워크 분석을 위한 다양한 통계적 수치 연산을 수행해보도록 하자. 게피 화면의 오른쪽 박스를 보면 Statistics라는 섹션이 보일 텐데 이를 클릭해보도록 하자. 이섹션을 클릭하면 아래의 그림과 같은 수치들을 계산할 수 있는 다양한 옵션들이 등장할 것이다.

Statistics는 크게 4가지 옵션으로 구분된다. 각각의 수치들은 오른쪽에 Run 버튼을 눌러서 실행할 수 있으며, 우선적으로 통계적 수치의 연산이 이뤄져야 네트워크 분석이 가능해진다.

1. Network Overview : 네트워크 구조의 수치적 분석에 필요한 다양한 지표들을 계산할 수 있다. 연결성(Degree)을 계산하거나 그래프 밀도, Modularuty 등의 수치를 연산할 수 있다.

2. Node Overview : 아이겐벡터 중앙성과, 군집성 계수를 계산할 수 있다.

3. Edge Overview : 경로의 길이를 계산할 수 있다.

4. Dynamic : 네트워크 분석에서 시간의 흐름에 따른 네트워크 변화를 계산할 수 있는데, 이를 위해선 처음 데이터를 입력할 때, 시간정보를 나타내는 자료가 입력되어야만 이 분석이 가능해진다.

통계치의 계산을 수행하면, 위의 그림에서 보듯 수치가 계산되며, 좌측과 같은 형태의 결과표가 도출된다.

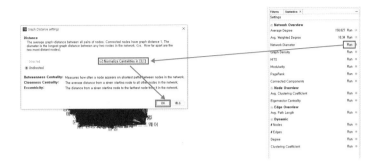

특히 Network Diameter를 계산하는 경우에는 Normalize 옵션에 꼭 체크한 뒤에 수치 연산을 진행해주도록 하자. 이를 통해 자료의 값을 정규화하는 효과를 얻을 수 있다. 이 외의 수치연산에서는 기본 옵션을 따로 변경하지 않고 그대로 Run을 통해 수치연산을 진행하여도 무관하다.

시각화 진행하기

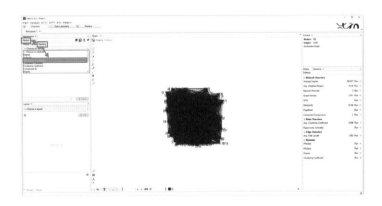

우측의 표를 보면 Statistics 수치들이 계산된 것을 확인할 수 있다. 이제 이렇게 연산된 수치들을 활용하는 방법을 살펴보도록 하자. 화면의 좌측 상단으로 돌아가서, Nodes → Ranking → Betweenness Centrality를 선택해보자.

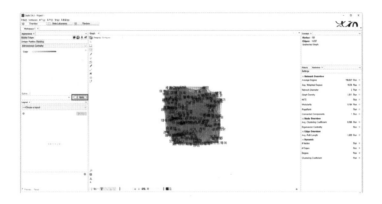

그리고 난 뒤, Apply 버튼을 눌러보면, 위와 같이 색상이 변화된 것을 확인할 수 있다.

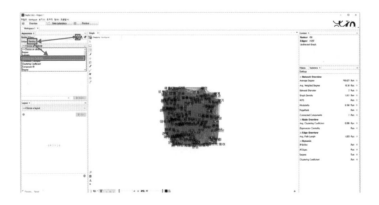

이번에는 노드의 사이즈를 바꿔보도록 하자. Nodes 박스의 오른쪽 위를 보면, 아래와 같은 아이콘이 보일 것이다. 각각 색깔과, 노드의 크기, 라벨의 색상, 라벨의 크기를 조절할 수 있는 옵션이다.

여기서 우선 동그라미 3개가 겹쳐져 있는 아이콘을 클릭한 뒤, Ranking → Betweenness Centrality를 클릭하자.

이를 클릭하면 다음과 같은 옵션 선택창이 뜰 것이다. 여기서 Min size는 노드 사이즈의 최솟값을 나타내고, Max size의 경우 노드 사이즈의 최대값을 보여준다. Apply를 진행하면 Betweenness Centrality 점수에 따라 노드의 크기가 변화된 것을 확인할 수 있다.

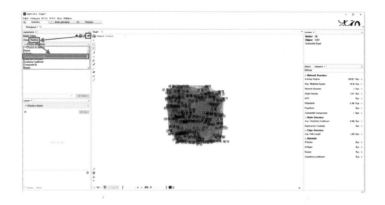

이번에는 노드를 보여주는 라벨 텍스트의 컬러를 조정해보도록
하자.

위 아이콘에서 A 버튼을 클릭한 뒤, Ranking → Betweenness
Centrality를 클릭하자. 이렇게 하면, 아래의 그림처럼 초록색깔의 변
화량을 보여줄 수 있는 그림으로 바뀌게 된다. Apply 버튼을 실행해
보자.

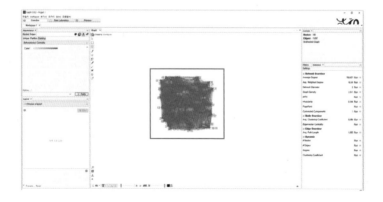

실행한 결과 라벨의 컬러도 Betweenness Centrality의 비중에 따라서 흰색부터 진한 초록색까지 변화된 것을 확인할 수 있다.

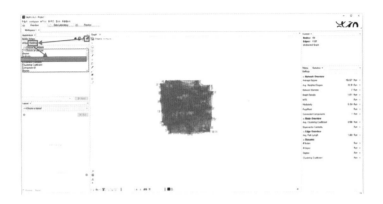

이번에는 라벨 텍스트의 크기를 변경해보자. 아래의 옵션에서 TT 표시로 된 아이콘을 클릭한 뒤에 Ranking → Betweenness Centrality 를 클릭해보자.

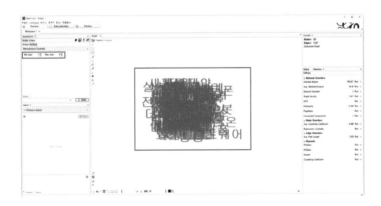

위의 그림에서 라벨의 사이즈를 기본 옵션인 최소 1, 최대 4로 설정한 뒤에 실행해보자. 이를 실행하면 빨간 박스에서 확인할 수 있듯, 라벨의 사이즈가 커져서 네트워크를 뒤덮는 것을 확인할 수 있다.

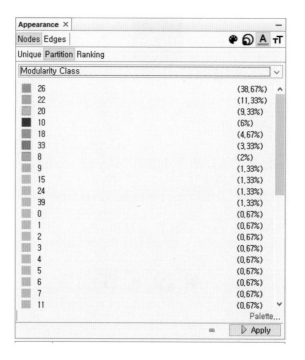

Ranking 조건 이외에도 Partion 옵션을 활용하여, Modularity 값을 활용하여 다채로운 시각화가 가능하다.

이제 기본적인 노드와 엣지의 색깔과 사이즈를 조정할 수 있는 방법에 대해서 알아보았다. 다음으로 네트워크 구조를 좀 더 명확하게 살펴볼 수 있는 방법에 대해 알아보자.

네트워크 분석 시각화 살펴보기

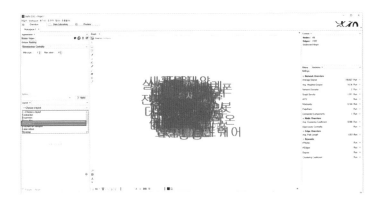

게피에서는 Layout 옵션을 통해 네트워크 구조의 간극을 시각화하는 옵션을 제공하고 있다. 본 장에서는 대표적으로 많이 활용되는 ForceAtlas2를 활용하여 시각화 분석을 진행하고자 한다.

Choose a layout에서 ForceAtlas2를 클릭해보자.

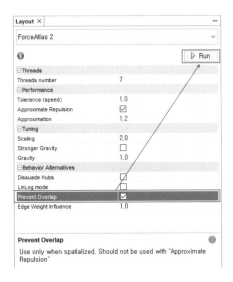

이를 클릭하면 위와 같은 설정화면으로 이동하게 된다. 대표적으로 Strong Gravity 옵션과 Prevent Overlap 옵션을 활용하는데, Strong Gravity란 중력을 좀 더 강하게 설정함으로써 네트워크 내부의 노드들이 좀 더 강력하게 뭉칠 수 있도록 설정하는 옵션이다. Prevent Overlap 옵션의 경우 노드들이 서로 겹치는 것을 방지해주는 옵션이다. 이번 시간에는 Prevent Overlap만 체크한 뒤에 Run 버튼을 눌러 ForceAtlas 2를 실행해주었다.

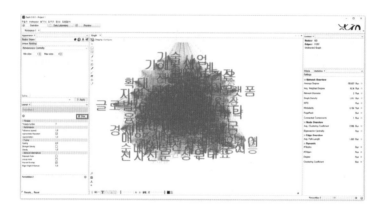

이를 실행하면, 가운데 네트워크 구조를 띄는 노드와 엣지가 조금씩 변화하는 것을 확인할 수 있다. 일정 시간이 지난 뒤, Run 버튼을 눌렀던 공간에 있는 Stop 버튼을 클릭하여 네트워크 분석을 잠시 중단하도록 하자.

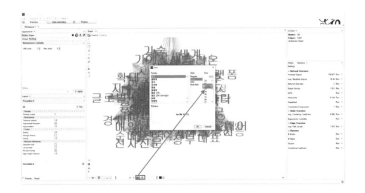

글자의 크기가 너무 커서 네트워크 구조가 잘 안보이니, 이때에는 다시 폰트 설정으로 들어가서 글자의 크기를 좀 낮추도록 하겠다.

글자의 크기를 바꾼 후에, 다시 Layout 옵션 설정창으로 되돌아와서, Expansion이라는 옵션을 선택한 뒤에 이를 실행해보자. 그 결과 노드와 노드 사이의 거리가 조금씩 확장되는 것을 확인할 수 있다.

가운데 화면(3번)에서 마우스 오른쪽 버튼을 클릭한 상태로 네트워크를 움직이면 네트워크가 이동하는 것을 알 수 있다. 또한 마우스 가운데의 휠 커서를 조작해서 Zoom-in, Zoom-out이 이뤄지는 것을 확인할 수 있다.

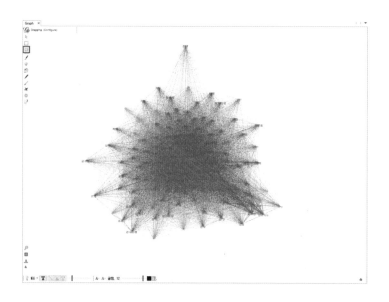

이런 과정을 통해, 네트워크 구조의 기본적인 형태를 확인할 수 있게 되었다.

네트워크 구조 필터링 진행하기

앞서 네트워크 구조를 시각화하는 연습을 진행하였다. 다만, 네트워크의 연결성이 너무 복잡하게 나타나고 있기 때문에, 어휘들 간의 연결성을 살펴보고 중요한 연결의 맥락을 파악하는 것이 어렵게 보여진다. 이에 이번 시간에는 네트워크의 연결성을 조율하는 방법에 대해서 살펴보고자 한다.

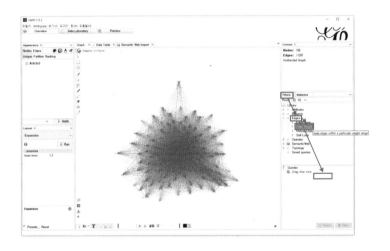

이번에는 게피 화면의 오른쪽 섹션에서 Filter 옵션을 클릭해보자. 필터 옵션은 네트워크 구조의 다양한 개체에 관해 연구자의 의도에 따라 옵션을 조정할 수 있는 기능을 제공한다. 대표적으로 네트워크 분석에서 Edge Weight 옵션의 조정이 이뤄지는데, 이는 앞서 Statistics에서 계산된 엣지의 가중치에 의거하여, 일정 수준 이상의 Edge Weight만 활용할 수 있게 도움을 주는 옵션이다.

위의 그림처럼 Filter → Edges(폴더 모양) → Edge Weight를 클릭한

다. 그 다음, Edge Weight를 마우스 왼쪽 커서를 클릭한 상태로 드래그하여, 아래 박스인 Queries 부분으로 옮겨보자. 이를 실행하면 아래의 화면처럼 Edge Weight가 Queries 부분으로 이동한 것을 확인할 수 있다.

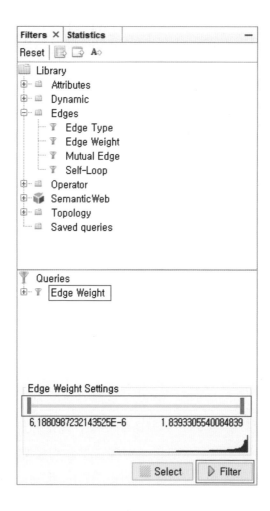

화면을 보면 Edge Weight Settings 부분이 생기고, 아래의 파란색 막대가 형성된 것을 확인할 수 있다. 이 부분을 조정하여 Edge Weight의 최솟값과 최대값을 조정할 수 있으며, 맨 아래의 Filter 버튼을 누르면, 엣지의 가중치에 따라 네트워크 연결구조가 바뀌는 것을 확인할 수 있다.

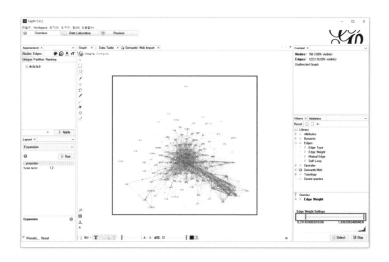

위 그림과 같이 Edge Weight를 조절함으로써 네트워크 구조의 연결성이 시각적으로 변화되는 것을 확인할 수 있다. 네트워크의 연결성이 어느 정도 조정이 되었다고 보여진다면, 이번에는 엣지의 색깔을 바꿔보도록 하자.

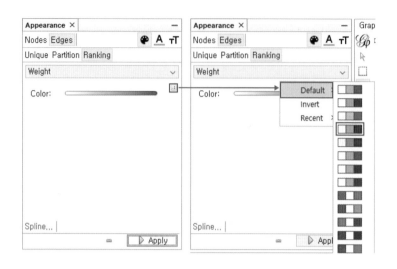

엣지의 색을 바꾸는 이유는 네트워크의 연결성을 보다 선명하게 보기 위해서 바꾸곤 한다.

왼쪽 위의 Appearance 옵션으로 이동한 뒤, Edges를 클릭하고 Ranking을 누른 뒤에 옵션을 Weight로 선택하면, Color: (그라데이션 색 표현) 화면이 나타나는 것을 앞선 실습과정에서 확인했었다. 이번에는 Color 옵션 우측에 작은 네모 색깔 상자를 클릭해보자. 클릭하면, Default라는 창이 나타나는데, 여기에 마우스를 가져가면, 위 그림에서처럼 다양한 색상 옵션이 제공된다.

여기서 빨간 색깔을 클릭해보자. 그리고 난 후, Apply 버튼을 누르면 색깔의 변화를 확인할 수 있다.

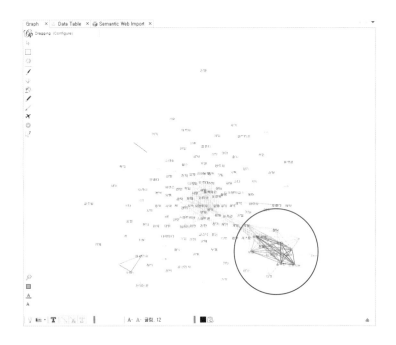

　이를 실행해보면, 다음과 같이 노드의 색깔은 초록색이지만, 엣지의 색깔은 빨간색으로 변화된 것을 확인할 수 있다. 노드도 마찬가지 방법을 활용하여 색의 변화를 줄 수 있다.

　이를 통해 기본적인 게피에 대한 활용법을 살펴보았다. 이번에는 시각화를 진행한 결과물을 이미지 파일로 저장하는 방법에 대해 살펴보도록 하자.

데이터 시각화 저장하기

데이터의 시각화는 게피 상단 메뉴 중 하나인 Preview란에서 진행 된다. 해당 버튼을 클릭하면, 위 그림과 같은 설정창이 나타나고, 설 정창 오른편에는 아직 아무것도 나타나 있지 않은 것을 확인할 수 있 다. 이제 설정창의 옵션 조정을 살펴보도록 하자.

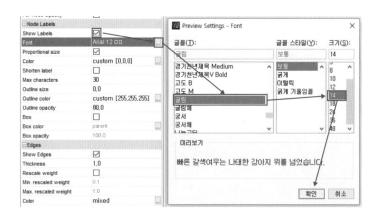

우선 Node Labels 옵션을 활용하기 위해 Show Labels의 체크박스
에 체크를 진행해준다. 그리고 난 뒤, Font를 조정해야 한다. 이는 한
글을 깨지지 않고 표현하기 위함이다. Font 창의 우측에 있는 […] 버
튼을 클릭하면, 폰트, 글자 크기 등을 조정할 수 있는 옵션이 나타난
다. 연구자가 원하는 폰트와, 알맞은 폰트 크기를 설정한 뒤, 확인 버
튼을 눌러준다.

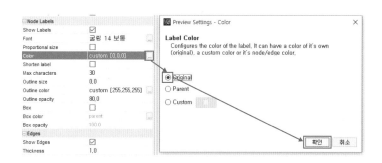

다음으로 Color 옵션에서도 […] 버튼을 누른 뒤에 Original 옵션으
로 체크한 뒤에 확인 버튼을 눌러주자.

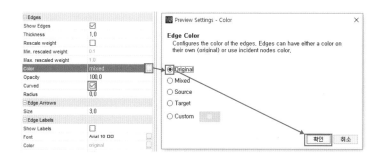

다음으로 Edges 섹션으로 넘어가서 Color 옵션을 Original로 변경한 뒤에 확인 버튼을 눌러주자. 아래의 Curved 옵션을 체크할 경우 Edge가 곡선으로 표현되고 이를 체크하지 않을 경우 Edge가 직선으로 표현된다.

추가적인 데이터 시각화의 과정이 필요하지만, 우선 맨 아래의 Refresh 버튼을 눌러서 시각화를 우선 진행해보자. 아래의 버튼을 누르면, 오른쪽에 네트워크 구조 그림이 출력될 것이다.

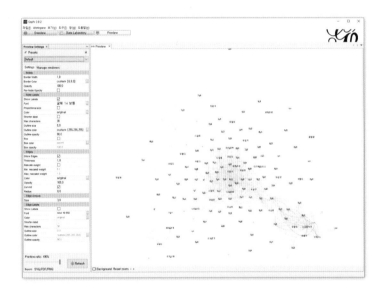

일련의 과정대로 진행하였다면 위와 같은 출력결과를 확인할 수 있다. 노드의 라벨인 텍스트가 연구자의 의도보다 적게 출력된다면

Node Labels	
Show Labels	☑
Font	굴림 14 보통 ...
Proportional size	☑
Color	original ...
Shorten label	☐
Max characters	30
Outline size	0,0
Outline color	custom [255,255,255] ...
Outline opacity	80,0
Box	☐
Box color	parent ...
Box opacity	100.0

Node Labels 옵션에서 Font로 돌아가서 글자 크기를 높이는 방법도 존재하고, Proportional size 옵션을 체크하여, 폰트 크기의 비중을 높이는 방법도 존재한다. 다만 가독성을 높이기 위해 폰트의 크기를 키우다보면 라벨 간에 교섭이 일어나 글자가 겹치는 경우가 나타날 수 있다.

이때에는 다시 Overview란으로 돌아가서 Layout창으로 돌아가도록 한다. 그리고 다양한 Layout 옵션 중에서 Label Adjust를 체크한 뒤에, Run 버튼을 누르면, Label 간의 교섭이 줄어드는 것을 확인할 수 있다. 이후에 다시 Preview란으로 돌아가서 Refresh 버튼을 누르면, 텍스트가 겹쳐지는 것이 일부 해소되었음을 알 수 있다.

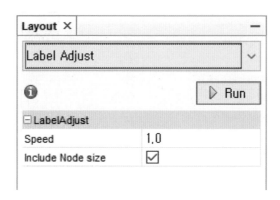

네트워크 시각화가 마무리되었다면 이번에는 게피의 파일을 이미지로 저장하는 방법에 대해서 살펴보겠다. 파일에서 Export를 클릭한 뒤, SVG/PDF/PNG File을 클릭해보자.

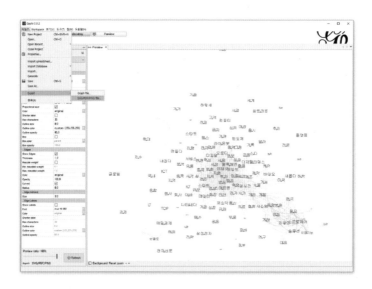

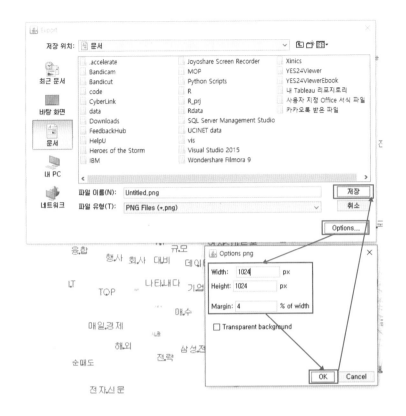

클릭하면 위와 같은 화면이 뜨는데, 저장하기에 앞서 Options 버튼을 누르면, 저장하고자 하는 이미지의 크기를 설정할 수 있다. 연구자가 원하는 해상도에 맞춰 이미지의 픽셀 크기를 설정한 뒤에 이를 저장하면 게피를 활용한 네트워크 시각화가 마무리된다.

본 내용에서는 게피를 활용한 실습이 주축이되었기에, Betweenness Centrality만을 이야기하였지만 Statistics에서 계산된 다양한 지표를 활용하여 네트워크 분석을 진행할 수 있다.

시각화 예시

영상
컴퓨터 그림 스다 글로벌 혁명 기관 서비스 전문
금융 대비 지수 정부 진행 진단 만들다 스타트
디지털타임스 방송 부품 문화 상승세 새롭다 사업
활용 소프트웨어 정보 업체 발표 기술 사업
마감 기록 총액 지역 라이온봇 고객 시황 AI 제조 스마트폰
달러 중국 필요 경제 개인 건강 규제 전기 바이오 종목
확대 협력 전망 단위 병원 외국인 나타내다
분석 실시간 기능 솔루션 정밀 유통 관리 규모 의료 공동
운송 한국 미국 동향 대표 거래 투자 시각
반도체 데이터 하락 포인트 계획 내리다
전일 인공지능 업종 혁신 장비 제약 회장 서울 회사
블록체인 삼성 지원 IT 시가 사용 TOP 기기 오르다
상위 매일경제 전자 시장 전략 행사 KT 금지 삼성전자
상승 우리 공식 스마트 통신 인터넷 도비넷
다양 환자 순매도 매수 국내 ICT 제품 전자신문
플랫폼 반면 코스닥 성장 상장
하락세 해외 기업 셀트리온
출시

영상
컴퓨터 그림 스다 글로벌 혁명 서비스 스
대비 지수 정부 진행 진단 만들다 스타트
디지털타임스 방송 부품 문화 상승세 새롭다
활용 소프트웨어 정보 업체 시황 발표
마감 기록 총액 지역 라이온봇 고객 전기 AI 제조 스마트폰
딜러 중국 필요 케어 경제 개인 규제 바이오 종목
협력 단위 병원 디지털 외국인 나타내다
분석 실시간 기능 정밀 추진 동향 연구 규모 의료 공동
한국 미국 솔루션 대표 거래 투자 시각
반도체 데이터 하락 포인트 계획 내리다
전일 인공지능 업종 지속 혁신 장비 제약 회장 서울 회사
블록체인 헬스 시가 사용 TOP 오르다
상위 매일경제 삼성 지원 IT 전자 시장 전략 행사 KT 금지 삼성전자
상승 우리 스마트 통신 인터넷
다양 순매도 매수 국내 ICT 전자신문
플랫폼 반면 코스닥 상장
하락세 해외 기업 셀트리온
출시

참고자료

김용학(2014). 〈사회연결망 분석(제3판)〉. 서울: 박영사

https://gephi.org/

2장

온라인 인공지능 서비스를 이용한
이미지, 동영상 데이터 분석방법과 사례

김윤환

1. 들어가며

2016년 이세돌-알파고 대국 이후, 인공지능은 우리 사회의 가장 큰 화두 중 하나가 되었다. 대국 이전까지는 많은 사람들이 이세돌의 승리를 예상했고, 인공지능이 사회에 몰고올 변화는 당장 눈앞의 일이 아닌 어느 정도 시간이 지난 후의 이야기처럼 여겨졌다. 그러나 대국이 알파고의 완승으로 끝나고 인공지능의 발전 속도가 우리가 생각했던 것보다 훨씬 빠르다는 것이 밝혀진 후, 인공지능은 사회 모든 분야에서의 변화의 원동력임과 동시에 반드시 논의해야 하는 핵심 주제 중 하나가 되었다. 이러한 변화는 사회과학도 예외가 아니다. 인공지능의 발달이 가까운 미래에 인류의 일자리를 빼앗아갈 것이라는 암울한 전망뿐 아니라, 인공지능이 제공하는 각종 서비스와의 상호작용, 인공지능이 만들어내는 신문 기사, 인공지능과 사랑에 빠지는 인간 등 사회과학의 연구 대상이 될 수 있는 다양한 현상들이 인공지능과 관련되어 새롭게 펼쳐지고 있다.

하지만 인공지능이 사회적 연구의 '대상'이 되면서, 인공지능이 '도구'로서 갖는 의미는 상대적으로 덜 강조되는 경향이 있다. 인공지능을 비롯한 모든 기계는 일종의 도구적 성격을 갖는다. 기계의 발달이 반드시 인간의 의도와 예측대로 진행되는 것은 물론 아니며, 기계의 발달과 보급에 따른 각종 사회적 변화는 사회과학의 연구 주제가 되는 것이 마땅하다. 그러나 기계의 발달을 지나치게 연구 대상으로서만 바라보는 것은 그것을 당장 어떻게 유용하게 활용할 수 있을 것인지에 대한 모색을 소홀하게 만들수도 있다. 특히 인공지능은 발전 속도가 빠르고 적용 분야가 다양한 만큼 도구로서 갖는 유용성 역시 크다고 할 수 있다.

따라서 사회과학자의 입장에서 인공지능을 어떻게 유용한 도구로 활용할 수 있을지에 대해 생각해볼 필요가 있다. 하지만 여기에는 많은 난관이 존재한다. 일반적인 사회과학자의 입장에서 인공지능을 프로그래밍하고 대규모의 데이터를 통해 훈련시켜 원하는 작업을 하도록 만드는 것은 쉽지 않은 일이다. 또한 가능하다 하더라도 그러한 엔지니어적인 작업이 사회과학자의 업무 영역에 포함되어야 하는지, 포함되어야 한다면 어느 정도의 비중을 차지해야 하는지는 일반적인 기준을 마련하기 어려운 문제이다. 쉽게 말해, 인공지능 시스템을 개발하고 최적화하는 작업이 사회과학자의 연구 성과로 인정받을 수 있을지, 또는 사회과학자의 교육 커리큘럼에서 어느 정도의 비중을 차지해야 하는지 하는 문제는 현재 시점에서는 쉽게 결론짓기 어려운 문제라는 의미이다.

이러한 측면에서 최근들어 활발히 서비스되고 있는 온라인 인공지능 서비스는 사회과학자들에게 좋은 대안이 될 수 있다. 온라인 인공지능 서비스는 이용자가 온라인을 통해 서버에 작업 요청을 보내면 서버에 있는 훈련된 인공지능이 요청에 따른 작업 수행 결과를 온라인을 통해 반환해주는 서비스를 말한다. 인공지능이 일정 수준 이상의 성능을 발휘하기 위해서는 많은 양의 데이터를 통한 훈련이 필수적이기 때문에, 온라인 인공지능 서비스는 주로 많은 양의 데이터를 확보하고 있는 대기업에 의해 서비스된다. 주로 클라우드 서비스의 일환으로 제공되는데, Microsoft Azure, IBM Watson, Amazon AWS, Google Cloud 등이 대표적이다. 웹을 통해 요청을 보내고 응답을 받는 간단한 방법만 익히면 이러한 서비스들을 사용할 수 있으며, 각 서비스별로 전용 라이브러리도 개발되어 있기 때문에 편리하게 이용할 수 있다.

이 글은 최근들어 활발히 서비스되고 있는 온라인 인공지능 서비스에 대해 소개하고, 사회과학 연구에의 적용 가능성에 대해 함께 생각해보는 것을 목적으로 한다. 데이터 수집, 실험, 문서 교정 및 작성 등 사회과학의 여러 단계 중, 주로 데이터 분석 단계에서 유용하게 활용할 수 있는 온라인 인공지능 서비스들을 몇 가지 소개하기로 한다. 그리고 이를 활용하여 진행된 연구 사례들을 간략히 소개하기로 한다.

2. Microsoft Azure의 Cognitive Services

Microsoft에서 제공하는 클라우드 서비스인 애저(Azure)의 제품 가운데 Cognitive Services가 있다. 제목 그대로 인간의 인지 작업과 관련된 인공지능 서비스로서, 결정(Decision), 언어(Language), 음성(Speech), 시각(Vision), 웹 검색(Web Search) 등 다섯 가지의 큰 범주에 속하는 여러 서비스들을 제공하고 있다. 이 중 시각 서비스 중 하나인 Computer Vision API와 Face의 사용법을 알아보자.

그림 1 Microsoft Azure Cognitive Services

출처: https://azure.microsoft.com/ko-kr/services/cognitive-services/

2.1. 회원가입 및 리소스 생성

Cognitive Services를 사용하기 위해서는 Microsoft Azure 사이트에

회원 가입을 해야 한다. 체험 계정을 만들거나, https://portal.azure.com에서 회원 가입을 한다. 신원 확인을 위해 신용카드 정보를 요구하는 경우가 있지만, 이후 만들 리소스에서 무료 리소스를 선택하면 과금이 되지 않는다.

그림 2 애저 포털

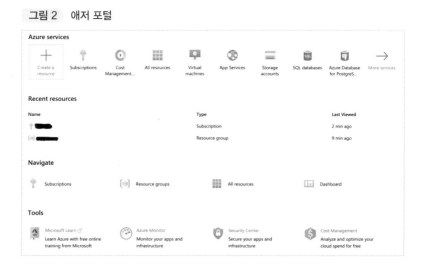

회원 가입 이후, 리소스를 만들어야 한다. 좌측 상단의 Create a resource 버튼을 누른 후, 상단의 검색바에서 Computer Vision을 입력하거나, 좌측의 메뉴에서 AI + Machine Learning의 하부 메뉴 중 Computer Vision을 선택한다. 리소스의 이름(Name)을 적절히 입력하고, 위치(Location)는 메뉴 중 아무거나 신택한다. Pricing tier는 F0와 S1이 있는데, 쉽게 생각해서 F0는 무료, S1는 유료라고 생각하면 된다. 무료와 유료 사이에 기능상의 차이는 없으나, 무료 리소스는 분당 요청 가능 횟수에 제한이 있어서 연속해서 요청을 보낼 때는 중간에 쉬

는 시간을 두어야 한다. Resource group이 없으면 새로 만들고, 하단
의 Create을 클릭하면 된다. 새로 만든 리소스를 배치(deploy)하는 데
수분 정도의 시간이 소요되는 경우도 있다. 같은 절차를 통해 Face 리
소스도 만든다. Create a resource 버튼을 누른 후 Face를 선택하는
것만 다르고 나머지 과정은 동일하다.

그림 3　리소스 만들기

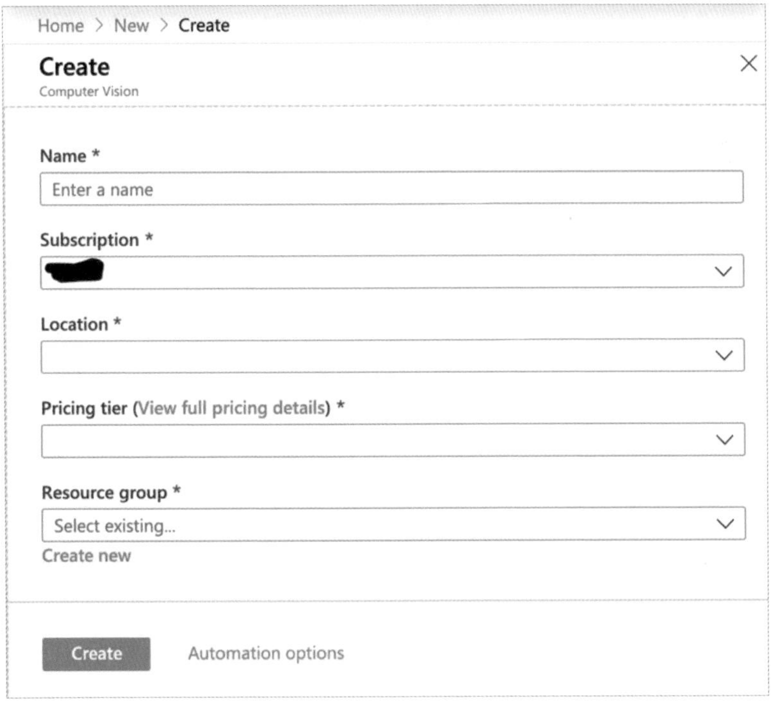

Home > New > **Create**

Create
Computer Vision

Name *
Enter a name

Subscription *

Location *

Pricing tier (View full pricing details) *

Resource group *
Select existing...
Create new

Create　　Automation options

2.2. Computer Vision API

Computer Vision API는 인간의 시각을 모방한 인공지능을 통해 사진 데이터에 대한 분석을 실시해주는 서비스이다. 기본적으로 사진이 어떤 내용으로 이루어져 있는지에 대한 분석을 실시하여 그 결과를 반환해준다. 사진의 내용을 한 문장으로 기술한 캡션이나, 내용에 기반하여 적절하다고 여겨지는 태그(tag)를 제시해준다. 나아가 사진으로부터 각종 사물을 탐지하고, 사진의 내용이 선정적, 폭력적 기준에 따라 성인물에 해당되는지 여부도 판정해준다.

Computer Vision API를 사용하기 위해서는 온라인을 통해 서버에 요청(request)을 보내야 하는데, 이를 위해서는 몇 가지 정보가 필요하다. 우선 요청을 보낼 목적지에 해당하는 엔드 포인트(endpoint)의 주소(url)를 알아야 한다. 다음으로 요청을 보내는 사람의 신원 확인을 위한 액세스 키(access key)가 필요하다. 이 두 가지 정보를 확인하기 위해 https://portal.azure.com에 접속하여, 앞서 만들었던 Computer Vision 리소스 이름을 선택한다. 최근 사용한 리소스 목록(Recent resources)에서 선택하거나, All resources를 클릭하여 목록에서 선택한다. 리소스를 선택하면 해당 리소스의 Quick start 항목으로 이동하는데, 여기에 표시된 Key와 Endpoint를 복사하여 코드의 cv_key와 endpoint 변수에 할당한다.

그림 4 Computer Vision API

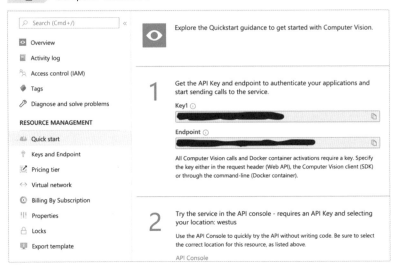

그림 5 subway.jpeg

출처: https://azure.microsoft.com/ko-kr/services/cognitive-services/computer-vision/

```
import requests

filename = "subway.jpeg"

cv_key = ""
endpoint = ""
url = endpoint + "vision/v2.1/analyze"

headers = {
    'Content-Type': 'application/octet-stream',
    'Ocp-Apim-Subscription-Key': cv_key,
}

params = {
    'visualFeatures':
'Adult,Brands,Categories,Color,Description,Faces,ImageType,Objects,Tags',
    'details': 'Celebrities,Landmarks'
}

def cv_api(filename):
    with open(filename, "rb") as f:
        body = f.read()

    try:
        response = requests.post(url, headers=headers, params=params,
data=body)
        results = response.json()
    except Exception as e:
        print(e)
        results = None

    return results

results = cv_api(filename)
```

실제로 요청이 보내지는 주소(url)는 endpoint에 "vision/v2.1/
analyze"가 추가된 것이다. 현재 버전은 2.1로, 이후 업그레이드에
따라 적절한 버전을 넣어주면 된다. 그 밑에는 요청에 필요한 헤더
(header)와 파라미터(parameter)가 제시되어 있다. 헤더와 파라미터에 대
한 자세한 정보는 API 레퍼런스(https://westus.dev.cognitive.microsoft.com/

docs/services/5cd27ec07268f6c679a3e641/operations/56f91f2e778daf14a499f21b)를
참고하면 된다. 위의 코드는 제공되는 모든 분석을 실시하여 그 결
과를 표시하도록 되어 있다. 분석하고자 하는 파일을 바이너리 형태
로 열어서, 파이썬의 requests 모듈의 post() 함수를 이용해 지정된
주소로 보내면 그 결과가 반환되어 results에 저장된다. 결과는 아래
와 같다.

```
{'adult': {'adultScore': 0.009112833999097347,
           'goreScore': 0.04615055397152901,
           'isAdultContent': False,
           'isGoryContent': False,
           'isRacyContent': False,
           'racyScore': 0.014324469491839409},
 'brands': [],
 'categories': [{'name': 'trans_trainstation', 'score': 0.98828125}],
 'color': {'accentColor': '484C83',
           'dominantColorBackground': 'Black',
           'dominantColorForeground': 'Black',
           'dominantColors': ['Black'],
           'isBWImg': False,
           'isBwImg': False},
 'description': {'captions': [{'confidence': 0.8330991574455571,
                               'text': 'people waiting at a train
station'}],
                 'tags': ['train', 'platform', 'station', 'building',
'indoor', 'subway', 'track', 'walking', 'waiting',
                          'pulling', 'board', 'people', 'man',
'luggage', 'standing', 'holding', 'large', 'woman',
                          'yellow', 'suitcase']},
 'faces': [],
 'imageType': {'clipArtType': 0, 'lineDrawingType': 0},
 'metadata': {'format': 'Jpeg', 'height': 462, 'width': 600},
 'objects': [{'confidence': 0.764,
              'object': 'person',
              'rectangle': {'h': 237, 'w': 115, 'x': 93, 'y': 178}},
             {'confidence': 0.624,
              'object': 'person',
              'rectangle': {'h': 206, 'w': 101, 'x': 0, 'y': 229}},
             {'confidence': 0.801,
              'object': 'subway train',
              'parent': {'confidence': 0.917,
                         'object': 'train',
                         'parent': {'confidence': 0.923,
                                    'object': 'Land vehicle',
                                    'parent': {'confidence': 0.926,
```

```
                                            'object': 'Vehicle'}}},
            'rectangle': {'h': 423, 'w': 439, 'x': 161, 'y': 31}}],
    'requestId': 'd83804aa-6fb8-4cfa-af4f-917def27649c',
    'tags': [{'confidence': 0.9975445866584778, 'name': 'train'},
             {'confidence': 0.9955431222915649, 'name': 'platform'},
             {'confidence': 0.9798007607460022, 'name': 'station'},
             {'confidence': 0.92771977186203, 'name': 'indoor'},
             {'confidence': 0.8389394879341125, 'name': 'subway'},
             {'confidence': 0.5043764710426331, 'name': 'clothing'},
             {'confidence': 0.4317162036895752, 'name': 'pulling'}}]
```

adult는 미성년자에게 유해한 콘텐츠인지 여부를 분석한 결과이고, brands는 사진에 표시된 브랜드를 인식한 결과이다. categories는 정해진 분류 기준에 따라 사진의 내용을 분류한 결과이며, color는 사진의 컬러에 대한 분석 결과이다. description은 사진의 내용에 적절한 캡션이 제안된 결과이고, faces는 사진에 등장한 얼굴을 탐지한 결과이다. 얼굴과 관련된 분석은 Face에서 보다 풍부하고 자세한 분석 결과가 제시되니 Computer Vision API의 결과보다는 Face의 결과를 사용하길 권장한다. imageType은 이미지가 클립아트 또는 선으로 그려진 것인지 여부를 판정한 결과이다. objects는 사진에 등장한 각종 대상에 대한 탐지 결과이며, tags는 내용을 기반으로 적절한 태그가 제안된 결과이다. 신뢰도 수치와 함께 제시되기 때문에 적절한 신뢰도 값 이상의 결과만 취사 선택하여 사용할 수 있다.

2.3. Face API

Face API는 제목 그대로 사람의 얼굴과 관련된 각종 정보를 인공지능이 분석하여 그 결과를 돌려주는 서비스이다. 예전에는 Emotion

API라는 이름으로 서비스되다가, 얼굴과 관련된 여러 정보들이 추가되며 Face API라는 이름의 서비스로 발전하였다. Computer Vision API와 마찬가지로 사용을 위해서는 엔드 포인트(endpoint)와 액세스 키(access key)가 필요하다. https://portal.azure.com에 접속하여, 앞서 만들었던 Face API 리소스를 선택한다. 리소스를 선택하면 해당 리소스의 Quick start 항목으로 이동하는데, 여기에 표시된 Key와 Endpoint를 복사하여 코드의 face_key와 endpoint 변수에 할당한다.

그림 6 face_sample.jpeg

출처: https://azure.microsoft.com/ko-kr/services/cognitive-services/face/

```
import requests

filename = "face_sample.jpeg"

face_key = ""
endpoint = ""
url = endpoint + "face/v1.0/detect"

headers = {
    'Content-Type': 'application/octet-stream',
    'Ocp-Apim-Subscription-Key': face_key,
}

params = {
    'returnFaceId': 'true',
    'returnFaceLandmarks': 'true',
    'returnFaceAttributes': 'age,gender,headPose,smile,facialHair,glasses
,emotion,hair,makeup,occlusion,accessories,blur,exposure,noise',
    'recognitionModel': 'recognition_02',
    'returnRecognitionModel': 'true'
}

def face(filename):
    with open(filename, "rb") as f:
        body = f.read()

    try:
        response = requests.post(url, headers=headers,
params=params, data=body)
        results = response.json()
    except Exception as e:
        print(e)
        results = None

    return results

results = face(filename)
```

실제로 요청이 보내지는 주소(url)는 endpoint에 "face/v1.0/detect"
가 추가된 것이다. 현재 버전은 1.0으로, 이후 업그레이드에 따라 적
절한 버전을 넣어주면 된다. 그 밑에는 요청에 필요한 헤더(header)

와 파라미터(parameter)가 제시되어 있다. 헤더와 파라미터에 대한 자세한 정보는 API 레퍼런스(https://westus.dev.cognitive.microsoft.com/docs/services/563879b61984550e40cbbe8d/operations/563879b61984550f30395236)를 참고하면 된다. 위의 코드는 제공되는 모든 분석을 실시하여 그 결과를 표시하도록 되어 있다. 분석하고자 하는 파일을 바이너리 형태로 열어서, 파이썬의 requests 모듈의 post() 함수를 이용해 지정된 주소로 보내면 그 결과가 반환되어 results에 저장된다. 결과는 아래와 같다. 만약 여러 개의 사진이 나와 있는 사진에 대한 분석 결과라면 아래와 같은 분석 결과가 얼굴 개수만큼 반복되어 제시된다.

```
[{'faceAttributes': {'accessories': [{'confidence': 1.0, 'type':
'glasses'}],
                     'age': 24.0,
                     'blur': {'blurLevel': 'low', 'value': 0.0},
                     'emotion': {'anger': 0.0,
                                 'contempt': 0.0,
                                 'disgust': 0.0,
                                 'fear': 0.0,
                                 'happiness': 1.0,
                                 'neutral': 0.0,
                                 'sadness': 0.0,
                                 'surprise': 0.0},
                     'exposure': {'exposureLevel': 'goodExposure',
                                  'value': 0.48},
                     'facialHair': {'beard': 0.0,
                                    'moustache': 0.0,
                                    'sideburns': 0.0},
                     'gender': 'female',
                     'glasses': 'ReadingGlasses',
                     'hair': {'bald': 0.1,
                              'hairColor': [{'color': 'brown',
                                             'confidence': 0.99},
                                            {'color': 'black',
                                             'confidence': 0.57},
                                            {'color': 'red',
                                             'confidence': 0.36},
```

                                      {'color': 'blond',
                                       'confidence': 0.34},
                                      {'color': 'gray',
                                       'confidence': 0.15},
                                      {'color': 'other',
                                       'confidence': 0.13}],
                        'invisible': False},
               'headPose': {'pitch': -13.2, 'roll': -11.9, 'yaw':
5.0},
                'makeup': {'eyeMakeup': True, 'lipMakeup': True},
                'noise': {'noiseLevel': 'low', 'value': 0.0},
                'occlusion': {'eyeOccluded': False,
                              'foreheadOccluded': False,
                              'mouthOccluded': False},
                'smile': 1.0},
  'faceId': '917c6117-77a4-45a3-adad-2d768dd883d9',
  'faceLandmarks': {'eyeLeftBottom': {'x': 509.3, 'y': 213.9},
                'eyeLeftInner': {'x': 529.0, 'y': 205.0},
                'eyeLeftOuter': {'x': 490.9, 'y': 209.0},
                'eyeLeftTop': {'x': 509.1, 'y': 199.5},
                'eyeRightBottom': {'x': 608.4, 'y': 184.0},
                'eyeRightInner': {'x': 590.5, 'y': 184.5},
                'eyeRightOuter': {'x': 623.8, 'y': 173.7},
                'eyeRightTop': {'x': 604.2, 'y': 171.5},
                'eyebrowLeftInner': {'x': 541.9, 'y': 178.9},
                'eyebrowLeftOuter': {'x': 461.0, 'y': 186.8},
                'eyebrowRightInner': {'x': 579.2, 'y': 169.2},
                'eyebrowRightOuter': {'x': 633.0, 'y': 136.4},
                'mouthLeft': {'x': 529.8, 'y': 300.5},
                'mouthRight': {'x': 626.0, 'y': 277.3},
                'noseLeftAlarOutTip': {'x': 545.4, 'y': 255.5},
                'noseLeftAlarTop': {'x': 557.2, 'y': 234.6},
                'noseRightAlarOutTip': {'x': 615.9, 'y': 239.5},
                'noseRightAlarTop': {'x': 603.2, 'y': 225.1},
                'noseRootLeft': {'x': 549.8, 'y': 200.3},
                'noseRootRight': {'x': 580.7, 'y': 192.3},
                'noseTip': {'x': 593.5, 'y': 247.3},
                'pupilLeft': {'x': 504.8, 'y': 206.8},
                'pupilRight': {'x': 602.5, 'y': 178.4},
                'underLipBottom': {'x': 600.3, 'y': 324.8},
                'underLipTop': {'x': 597.1, 'y': 308.0},
                'upperLipBottom': {'x': 593.2, 'y': 288.7},
                'upperLipTop': {'x': 591.1, 'y': 278.4}},
  'faceRectangle': {'height': 224, 'left': 459, 'top': 128, 'width':
224},
  'recognitionModel': 'recognition_02'}]

faceAttributes 항목이 주된 분석 결과이다. 악세사리 착용 여부, 연령 추론 결과, 블러 처리 여부 등의 결과가 제시되어 있다. emotion 항목에는 분노(anger), 경멸(contempt), 혐오(disgust), 공포(fear), 행복(happiness), 중립(neutral), 슬픔(sadness), 놀람(surprise) 등 8가지 항목의 상대적 강도가 제시되어 있다. 8가지 항목을 모두 합하면 1이 된다. 이 외에도 안경 착용 여부, 머리카락 색깔, 성별 추론 결과, 메이크업, 웃음 강도 등의 분석 결과가 포함된다. 아울러 머리의 위치를 나타내는 세 가지 수치(pitch, roll, yaw)도 측정되어 있다. faceId 항목은 Azure 서버 내에서 처리되는 고유한 얼굴의 ID이며, 24시간 동안 서버에 저장된다. faceRectangle에는 얼굴의 전체 범위, faceLandmarks에는 얼굴의 주요 부위의 좌표가 표시되어 있기 때문에 사진 위에 겹쳐서 표시하는 등의 작업을 할 때 사용할 수 있다.

3. IBM Watson의 AI 서비스

IBM의 클라우드 서비스 가운데 Watson을 사용한 AI 제품들(https://www.ibm.com/cloud/ai)이 있다. 시각, 언어, 음성 등 다양한 종류의 인공지능 서비스가 제공된다. 이 중 다른 온라인 인공지능 서비스에서는 찾아보기 어려운 Personality Insights와 Tone Analyzer에 대해 살펴보고, 아울러 Visual Recognition도 함께 살펴보도록 한다.

그림 7   IBM Watson AI

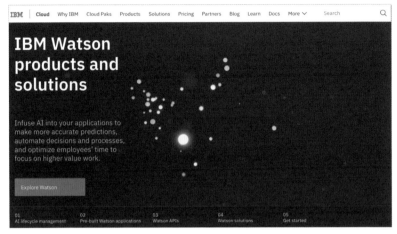

출처: https://www.ibm.com/cloud/ai

3.1. 회원가입 및 리소스 생성

다른 온라인 인공지능 서비스와 마찬가지로 IBM Watson의 AI 서비스를 이용하기 위해서는 회원가입을 하고 리소스를 생성해야 한다. 회원가입은 https://cloud.ibm.com/에서 진행한다. 회원가입 후 로그인을 하면 IBM Cloud 의 Dashboard 화면이 나타난다. 리소스 생성을 위해 우측 상단의 Create resource 버튼을 누른 후, 상단의 검색바에서 Visual Recognition을 입력하거나, 좌측의 메뉴에서 AI - Visual Recognition을 선택한다. 지역을 적절히 선택한 후, 무료인 Lite와 유료인 Standard 사이에서 원하는 플랜을 선택한다. 오른쪽의 Create 버튼을 누르면 리소스 생성이 완료된다. 같은 절차를 통해 Personality Insights와 Tone analyzer 리소스도 만든다.

그림 8 IBM Cloud Dashboard

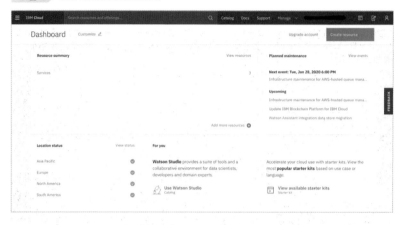

3.2. Visual Recognition

Visual Recognition은 주어진 사진의 내용에 기반하여 정해진 기준에 따라 사진을 분류해주는 서비스이다. Dashboard에서 View Resources를 선택한 후, Services 항목에서 Visual Recognition을 선택하면 Credentials 항목에 API Key와 URL이 표시된다. 이를 각각 아래 코드의 api_key, base_url 변수에 할당하면 된다.

그림 9 tweed_jacket.jpg

출처: https://watson-visual-recognition-duo-dev.ng.bluemix.net/pre-trained

```
import requests

filename = "tweed_jacket.jpg"

api_key = ""
base_url = ""
url = base_url + "/v3/classify"

headers = {
    "Accept-Language": "en",
    "Content-Type": "application/octet-stream"
```

```
    }

parameters = {
    "version": "2018-03-19"
}

def classify_image(filename):
    with open(filename, "rb") as f:
        body = f.read()

    try:
        response = requests.post(url, headers=headers,
params=parameters, auth=("apikey", api_key), data=body)
        results = response.json()
    except Exception as e:
        print(e)
        results = None

    return results

results = classify_image(filename)
```

실제로 요청이 보내지는 주소(url)는 base_url에 "/v3/classify"가 추가된 것이다. 현재 버전은 3으로, 이후 업그레이드에 따라 적절한 버전을 넣어주면 된다. 그 밑에는 요청에 필요한 헤더(header)와 파라미터(parameter)가 제시되어 있다. 헤더와 파라미터에 대한 자세한 정보는 API 레퍼런스(https://cloud.ibm.com/apidocs/visual-recognition/visual-recognition-v3#classify-an-image)를 참고하면 된다. 분석하고자 하는 파일을 바이너리 형태로 열어서, 파이썬의 requests 모듈의 post() 함수를 이용해 지정된 주소로 보내면 그 결과가 반환되어 results에 저장된다. 결과는 다음과 같다.

```
{'images': [{'classifiers': [{'classifier_id': 'default',
     'name': 'default',
     'classes': [{'class': 'Harris Tweed (jacket)', 'score': 0.87,
      'type_hierarchy': '/fabric/Harris Tweed (jacket)'},
     {'class': 'fabric', 'score': 0.959},
     {'class': 'tweed', 'score': 0.791, 'type_hierarchy': '/fabric/
tweed'},
     {'class': 'Norfolk jacket', 'score': 0.5,
      'type_hierarchy': '/garment/overgarment/coat/Norfolk jacket'},
     {'class': 'coat', 'score': 0.509},
     {'class': 'overgarment', 'score': 0.517},
     {'class': 'garment', 'score': 0.518},
     {'class': 'clothing', 'score': 0.8},
     {'class': 'gray color', 'score': 0.946}]}]}],
 'images_processed': 1,
 'custom_classes': 0}
```

주어진 이미지의 내용을 인식하여 정해진 기준에 따라 분류된 결과가 제시되어 있다. 신뢰도 점수와 함께 제시되기 때문에 적절한 신뢰도 값 이상의 결과만 취사 선택하여 사용할 수 있다.

3.3. Personality Insights

IBM Watson AI 서비스에서는 Personality Insights라는 서비스를 제공한다. 특정인이 게시한 소셜 미디어 게시물이나 특정인이 작성한 일반 텍스트를 업로드하면, 성격 5요인(Big-5 personality traits)을 비롯한 4가지 성격 분야 총 55가지 변수를 통해 작성자의 성격을 분석해준다. 사용된 변수 및 그에 대한 자세한 설명은 IBM Cloud 문서(https://cloud.ibm.com/docs/services/personality-insights?topic=personality-insights-science)를 참고하면 된다. 영어 기준 최소 100단어 이상이 필

요하며, 보다 정확한 분석을 위해서는 더 많은 분량의 데이터가 필
요하다. Dashboard에서 View Resources를 선택한 후, Services 항
목에서 Personality Insights를 선택하면 Credentials 항목에 API Key
와 URL 이 표시된다. 이를 각각 아래 코드의 api_key, base_url 변수
에 할당하면 된다. 아래의 샘플 분석에 사용된 텍스트는 데모 페이지
(https://personality-insights-demo.ng.bluemix.net)에 있는 '2012 논쟁 - 버락
오바마' 텍스트이다.

```python
import requests

filename = "sample_text.txt"

api_key = ""
base_url = ""
url = base_url + "/v3/profile"

headers = {
    "Content-Type": "text/plain",
    "Accept": "application/json"
}

parameters = {
    "version": "2017-10-13",
    "consumption_preferences": True,
    "raw_scores": True
}

def personality_insights(filename):
    with open(filename, "rb") as f:
        body = f.read()

    try:
        response = requests.post(url, headers=headers, params=parameters,
auth=("apikey", api_key), data=body)
        results = response.json()
    except Exception as e:
        print(e)
        results = None

    return results

results = personality_insights(filename)
```

실제로 요청이 보내지는 주소(url)는 base_url에 "/v3/profile"가 추가된 것이다. 현재 버전은 3으로, 이후 업그레이드에 따라 적절한 버전을 넣어주면 된다. 그 밑에는 요청에 필요한 헤더(header)와 파라미터(parameter)가 제시되어 있다. 헤더와 파라미터에 대한 자세한 정보는 API 레퍼런스(https://cloud.ibm.com/apidocs/personality-insights)를 참고하면 된다. 분석하고자 하는 텍스트 파일을 바이너리 형태로 열어서, 파이썬의 requests 모듈의 post() 함수를 이용해 지정된 주소로 보내면 그 결과가 반환되어 results에 저장된다. 결과는 아래와 같다.

```
{'word_count': 7020,
 'processed_language': 'en',
 'personality': [{'trait_id': 'big5_openness',
   'name': 'Openness',
   'category': 'personality',
   'percentile': 0.9436207034687292,
   'raw_score': 0.7992849591667435,
   'significant': True,
   'children': [{'trait_id': 'facet_adventurousness',
     'name': 'Adventurousness',
     'category': 'personality',
     'percentile': 0.8728046722494278,
     'raw_score': 0.5453540993067822,
     'significant': True},
    {'trait_id': 'facet_artistic_interests',
     'name': 'Artistic interests',
     'category': 'personality',
     'percentile': 0.4184832909070394,
     'raw_score': 0.6549077144307852,
     'significant': True},
    {'trait_id': 'facet_emotionality',
     'name': 'Emotionality',
     'category': 'personality',
     'percentile': 0.1583657795716475,
     'raw_score': 0.6073774745538785,
     'significant': True},
    {'trait_id': 'facet_imagination',
     'name': 'Imagination',
     'category': 'personality',
```

'percentile': 0.04481189401582769,
        'raw_score': 0.6505489260452221,
        'significant': True},
     {'trait_id': 'facet_intellect',
      'name': 'Intellect',
      'category': 'personality',
      'percentile': 0.996393471977502,
      'raw_score': 0.7316127889834055,
      'significant': True},
     {'trait_id': 'facet_liberalism',
      'name': 'Authority-challenging',
      'category': 'personality',
      'percentile': 0.8835343648439694,
      'raw_score': 0.5763085712879601,
      'significant': True}]]},
  {'trait_id': 'big5_conscientiousness',
   'name': 'Conscientiousness',
   'category': 'personality',
   'percentile': 0.8717383918743111,
   'raw_score': 0.6809719110897962,
   'significant': True,
   'children': [{'trait_id': 'facet_achievement_striving',
     'name': 'Achievement striving',
     'category': 'personality',
     'percentile': 0.8987448251947685,
     'raw_score': 0.7558725710893733,
     'significant': True},
    {'trait_id': 'facet_cautiousness',
     'name': 'Cautiousness',
     'category': 'personality',
     'percentile': 0.9712886050822256,
     'raw_score': 0.6124169450662472,
     'significant': True},
    {'trait_id': 'facet_dutifulness',
     'name': 'Dutifulness',
     'category': 'personality',
     'percentile': 0.8133994248325889,
     'raw_score': 0.6807082336626179,
     'significant': True},
    {'trait_id': 'facet_orderliness',
     'name': 'Orderliness',
     'category': 'personality',
     'percentile': 0.2877418132557438,
     'raw_score': 0.4758129086532796,
     'significant': True},
    {'trait_id': 'facet_self_discipline',
     'name': 'Self-discipline',
     'category': 'personality',
     'percentile': 0.8532835038541257,

      'raw_score': 0.6207011013440027,
      'significant': True},
    {'trait_id': 'facet_self_efficacy',
     'name': 'Self-efficacy',
     'category': 'personality',
     'percentile': 0.907224670713983,
     'raw_score': 0.799657386066015,
     'significant': True}]},
{'trait_id': 'big5_extraversion',
 'name': 'Extraversion',
 'category': 'personality',
 'percentile': 0.633776377853311,
 'raw_score': 0.5662616940551715,
 'significant': True,
 'children': [{'trait_id': 'facet_activity_level',
   'name': 'Activity level',
   'category': 'personality',
   'percentile': 0.8385116473609877,
   'raw_score': 0.5909525037084101,
   'significant': True},
  {'trait_id': 'facet_assertiveness',
   'name': 'Assertiveness',
   'category': 'personality',
   'percentile': 0.9962249573928508,
   'raw_score': 0.7776104628512546,
   'significant': True},
  {'trait_id': 'facet_cheerfulness',
   'name': 'Cheerfulness',
   'category': 'personality',
   'percentile': 0.2705370138030023,
   'raw_score': 0.5976273271900523,
   'significant': True},
  {'trait_id': 'facet_excitement_seeking',
   'name': 'Excitement-seeking',
   'category': 'personality',
   'percentile': 0.038378637486580935,
   'raw_score': 0.5285638153209133,
   'significant': True},
  {'trait_id': 'facet_friendliness',
   'name': 'Outgoing',
   'category': 'personality',
   'percentile': 0.654047666938657,
   'raw_score': 0.5803638668812141,
   'significant': True},
  {'trait_id': 'facet_gregariousness',
   'name': 'Gregariousness',
   'category': 'personality',
   'percentile': 0.31931224372899314,
   'raw_score': 0.429199914762132,

    'significant': True}]},
{'trait_id': 'big5_agreeableness',
 'name': 'Agreeableness',
 'category': 'personality',
 'percentile': 0.2164721952851401,
 'raw_score': 0.7110243735352173,
 'significant': True,
 'children': [{'trait_id': 'facet_altruism',
   'name': 'Altruism',
   'category': 'personality',
   'percentile': 0.8838134070911637,
   'raw_score': 0.746985341878128,
   'significant': True},
  {'trait_id': 'facet_cooperation',
   'name': 'Cooperation',
   'category': 'personality',
   'percentile': 0.7023301790139969,
   'raw_score': 0.6113874773788142,
   'significant': True},
  {'trait_id': 'facet_modesty',
   'name': 'Modesty',
   'category': 'personality',
   'percentile': 0.217840467109156,
   'raw_score': 0.4072437320936606,
   'significant': True},
  {'trait_id': 'facet_morality',
   'name': 'Uncompromising',
   'category': 'personality',
   'percentile': 0.9236372740673224,
   'raw_score': 0.6932827609217812,
   'significant': True},
  {'trait_id': 'facet_sympathy',
   'name': 'Sympathy',
   'category': 'personality',
   'percentile': 0.9873886400757081,
   'raw_score': 0.748933951747719,
   'significant': True},
  {'trait_id': 'facet_trust',
   'name': 'Trust',
   'category': 'personality',
   'percentile': 0.49817604319980757,
   'raw_score': 0.5856134432465713,
   'significant': True}]},
{'trait_id': 'big5_neuroticism',
 'name': 'Emotional range',
 'category': 'personality',
 'percentile': 0.007168210746788084,
 'raw_score': 0.3558622434602027,

'significant': True,
 'children': [{'trait_id': 'facet_anger',
   'name': 'Fiery',
   'category': 'personality',
   'percentile': 0.009729046238298733,
   'raw_score': 0.40793490912750163,
   'significant': True},
  {'trait_id': 'facet_anxiety',
   'name': 'Prone to worry',
   'category': 'personality',
   'percentile': 0.01077626438615753,
   'raw_score': 0.43738391160175283,
   'significant': True},
  {'trait_id': 'facet_depression',
   'name': 'Melancholy',
   'category': 'personality',
   'percentile': 0.1715496625869376,
   'raw_score': 0.3883906339590878,
   'significant': True},
  {'trait_id': 'facet_immoderation',
   'name': 'Immoderation',
   'category': 'personality',
   'percentile': 0.12963720671866708,
   'raw_score': 0.45723399257535874,
   'significant': True},
  {'trait_id': 'facet_self_consciousness',
   'name': 'Self-consciousness',
   'category': 'personality',
   'percentile': 0.06943652192683758,
   'raw_score': 0.468837776938102,
   'significant': True},
  {'trait_id': 'facet_vulnerability',
   'name': 'Susceptible to stress',
   'category': 'personality',
   'percentile': 0.0160441957979911,
   'raw_score': 0.3310689888532891,
   'significant': True}]}],
'needs': [{'trait_id': 'need_challenge',
  'name': 'Challenge',
  'category': 'needs',
  'percentile': 0.14627232411178653,
  'raw_score': 0.6845787709167005,
  'significant': True},
 {'trait_id': 'need_closeness',
  'name': 'Closeness',
  'category': 'needs',
  'percentile': 0.022737402795758477,

'raw_score': 0.7045774907340132,
'significant': True},
{'trait_id': 'need_curiosity',
'name': 'Curiosity',
'category': 'needs',
'percentile': 0.36746601523535216,
'raw_score': 0.807739347992229,
'significant': True},
{'trait_id': 'need_excitement',
'name': 'Excitement',
'category': 'needs',
'percentile': 0.04089878567298083,
'raw_score': 0.546959478557588,
'significant': True},
{'trait_id': 'need_harmony',
'name': 'Harmony',
'category': 'needs',
'percentile': 0.012458800439233197,
'raw_score': 0.7318177074180952,
'significant': True},
{'trait_id': 'need_ideal',
'name': 'Ideal',
'category': 'needs',
'percentile': 0.07155147639020798,
'raw_score': 0.6214664625312442,
'significant': True},
{'trait_id': 'need_liberty',
'name': 'Liberty',
'category': 'needs',
'percentile': 0.029329578184053795,
'raw_score': 0.6656808625888851,
'significant': True},
{'trait_id': 'need_love',
'name': 'Love',
'category': 'needs',
'percentile': 0.010630360533172567,
'raw_score': 0.6566130942901044,
'significant': True},
{'trait_id': 'need_practicality',
'name': 'Practicality',
'category': 'needs',
'percentile': 0.11263264769173947,
'raw_score': 0.701573415523006,
'significant': True},
{'trait_id': 'need_self_expression',
'name': 'Self-expression',
'category': 'needs',
'percentile': 0.006771991960655144,

'raw_score': 0.5898635191693771,
    'significant': True},
  {'trait_id': 'need_stability',
   'name': 'Stability',
   'category': 'needs',
   'percentile': 0.1055047665517071,
   'raw_score': 0.6946149695338912,
   'significant': True},
  {'trait_id': 'need_structure',
   'name': 'Structure',
   'category': 'needs',
   'percentile': 0.7397657021209125,
   'raw_score': 0.7134916365766225,
   'significant': True}],
 'values': [{'trait_id': 'value_conservation',
   'name': 'Conservation',
   'category': 'values',
   'percentile': 0.0980710921783175,
   'raw_score': 0.6072170500962912,
   'significant': True},
  {'trait_id': 'value_openness_to_change',
   'name': 'Openness to change',
   'category': 'values',
   'percentile': 0.1420357059296135,
   'raw_score': 0.7429606497998218,
   'significant': True},
  {'trait_id': 'value_hedonism',
   'name': 'Hedonism',
   'category': 'values',
   'percentile': 0.011761019463446987,
   'raw_score': 0.5934680343713215,
   'significant': True},
  {'trait_id': 'value_self_enhancement',
   'name': 'Self-enhancement',
   'category': 'values',
   'percentile': 0.004194989604622834,
   'raw_score': 0.5906851313160955,
   'significant': True},
  {'trait_id': 'value_self_transcendence',
   'name': 'Self-transcendence',
   'category': 'values',
   'percentile': 0.05870952071041813,
   'raw_score': 0.807457085854276,
   'significant': True}],
 'consumption_preferences': [{'consumption_preference_category_id':
'consumption_preferences_shopping',
   'name': 'Purchasing Preferences',

'consumption_preferences': [{'consumption_preference_id':
'consumption_preferences_automobile_ownership_cost',
    'name': 'Likely to be sensitive to ownership cost when buying
automobiles',
    'score': 1.0},
    {'consumption_preference_id': 'consumption_preferences_automobile_
safety',
    'name': 'Likely to prefer safety when buying automobiles',
    'score': 1.0},
    {'consumption_preference_id': 'consumption_preferences_clothes_
quality',
    'name': 'Likely to prefer quality when buying clothes',
    'score': 1.0},
    {'consumption_preference_id': 'consumption_preferences_clothes_
style',
    'name': 'Likely to prefer style when buying clothes',
    'score': 0.0},
    {'consumption_preference_id': 'consumption_preferences_clothes_
comfort',
    'name': 'Likely to prefer comfort when buying clothes',
    'score': 1.0},
    {'consumption_preference_id': 'consumption_preferences_influence_
brand_name',
    'name': 'Likely to be influenced by brand name when making product
purchases',
    'score': 1.0},
    {'consumption_preference_id': 'consumption_preferences_influence_
utility',
    'name': 'Likely to be influenced by product utility when making
product purchases',
    'score': 0.0},
    {'consumption_preference_id': 'consumption_preferences_influence_
online_ads',
    'name': 'Likely to be influenced by online ads when making product
purchases',
    'score': 1.0},
    {'consumption_preference_id': 'consumption_preferences_influence_
social_media',
    'name': 'Likely to be influenced by social media when making product
purchases',
    'score': 0.0},
    {'consumption_preference_id': 'consumption_preferences_influence_
family_members',
    'name': 'Likely to be influenced by family when making product
purchases',
    'score': 1.0},
    {'consumption_preference_id': 'consumption_preferences_spur_of_
moment',

'name': 'Likely to indulge in spur of the moment purchases',
        'score': 0.0},
      {'consumption_preference_id': 'consumption_preferences_credit_card_
payment',
        'name': 'Likely to prefer using credit cards for shopping',
        'score': 1.0}]},
    {'consumption_preference_category_id': 'consumption_preferences_health_
and_activity',
      'name': 'Health & Activity Preferences',
      'consumption_preferences': [{'consumption_preference_id':
'consumption_preferences_eat_out',
        'name': 'Likely to eat out frequently',
        'score': 0.0},
      {'consumption_preference_id': 'consumption_preferences_gym_
membership',
        'name': 'Likely to have a gym membership',
        'score': 0.0},
      {'consumption_preference_id': 'consumption_preferences_outdoor',
        'name': 'Likely to like outdoor activities',
        'score': 1.0}]},
    {'consumption_preference_category_id': 'consumption_preferences_
environmental_concern',
      'name': 'Environmental Concern Preferences',
      'consumption_preferences': [{'consumption_preference_id':
'consumption_preferences_concerned_environment',
        'name': 'Likely to be concerned about the environment',
        'score': 1.0}]},
    {'consumption_preference_category_id': 'consumption_preferences_
entrepreneurship',
      'name': 'Entrepreneurship Preferences',
      'consumption_preferences': [{'consumption_preference_id':
'consumption_preferences_start_business',
        'name': 'Likely to consider starting a business in next few years',
        'score': 0.5}]},
    {'consumption_preference_category_id': 'consumption_preferences_movie',
      'name': 'Movie Preferences',
      'consumption_preferences': [{'consumption_preference_id':
'consumption_preferences_movie_romance',
        'name': 'Likely to like romance movies',
        'score': 0.0},
      {'consumption_preference_id': 'consumption_preferences_movie_
adventure',
        'name': 'Likely to like adventure movies',
        'score': 1.0},
      {'consumption_preference_id': 'consumption_preferences_movie_horror',
        'name': 'Likely to like horror movies',
        'score': 0.0},
      {'consumption_preference_id': 'consumption_preferences_movie_
musical',

      'name': 'Likely to like musical movies',
      'score': 1.0},
    {'consumption_preference_id': 'consumption_preferences_movie_
historical',
      'name': 'Likely to like historical movies',
      'score': 1.0},
    {'consumption_preference_id': 'consumption_preferences_movie_science_
fiction',
      'name': 'Likely to like science-fiction movies',
      'score': 1.0},
    {'consumption_preference_id': 'consumption_preferences_movie_war',
      'name': 'Likely to like war movies',
      'score': 0.0},
    {'consumption_preference_id': 'consumption_preferences_movie_drama',
      'name': 'Likely to like drama movies',

      'score': 1.0},
    {'consumption_preference_id': 'consumption_preferences_movie_action',
      'name': 'Likely to like action movies',
      'score': 1.0},
    {'consumption_preference_id': 'consumption_preferences_movie_
documentary',
      'name': 'Likely to like documentary movies',
      'score': 1.0}]},
  {'consumption_preference_category_id': 'consumption_preferences_music',
    'name': 'Music Preferences',
    'consumption_preferences': [{'consumption_preference_id':
'consumption_preferences_music_rap',
      'name': 'Likely to like rap music',
      'score': 0.0},
    {'consumption_preference_id': 'consumption_preferences_music_
country',
      'name': 'Likely to like country music',
      'score': 0.5},
    {'consumption_preference_id': 'consumption_preferences_music_r_b',
      'name': 'Likely to like R&B music',
      'score': 0.5},
    {'consumption_preference_id': 'consumption_preferences_music_hip_
hop',
      'name': 'Likely to like hip hop music',
      'score': 0.0},
    {'consumption_preference_id': 'consumption_preferences_music_live_
event',
      'name': 'Likely to attend live musical events',
      'score': 1.0},
    {'consumption_preference_id': 'consumption_preferences_music_
playing',

      'name': 'Likely to have experience playing music',
      'score': 1.0},
    {'consumption_preference_id': 'consumption_preferences_music_latin',
     'name': 'Likely to like Latin music',
     'score': 1.0},
    {'consumption_preference_id': 'consumption_preferences_music_rock',
     'name': 'Likely to like rock music',
     'score': 1.0},
    {'consumption_preference_id': 'consumption_preferences_music_
classical',
      'name': 'Likely to like classical music',
      'score': 1.0}]},
   {'consumption_preference_category_id': 'consumption_preferences_
reading',
    'name': 'Reading Preferences',
    'consumption_preferences': [{'consumption_preference_id':
'consumption_preferences_read_frequency',
      'name': 'Likely to read often',
      'score': 1.0},
    {'consumption_preference_id': 'consumption_preferences_books_
entertainment_magazines',
      'name': 'Likely to read entertainment magazines',
      'score': 0.0},
    {'consumption_preference_id': 'consumption_preferences_books_non_
fiction',
      'name': 'Likely to read non-fiction books',
      'score': 1.0},
    {'consumption_preference_id': 'consumption_preferences_books_
financial_investing',
      'name': 'Likely to read financial investment books',
      'score': 0.0},
    {'consumption_preference_id': 'consumption_preferences_books_
autobiographies',
      'name': 'Likely to read autobiographical books',
      'score': 1.0}]},
   {'consumption_preference_category_id': 'consumption_preferences_
volunteering',
    'name': 'Volunteering Preferences',
    'consumption_preferences': [{'consumption_preference_id':
'consumption_preferences_volunteer',
      'name': 'Likely to volunteer for social causes',
      'score': 1.0}]}],
  'warnings': []}

크게 분류하여 1) 성격 5요인(personality), 2) 욕구(needs), 3) 가치 (values), 4) 소비 성향(consumption_preferences)의 네 가지 종류의 성격 이 분석되어 제시된다. 성격 5요인을 구성하는 개방성(openness), 성실 성(conscientiousness), 외향성(extraversion), 친화성(agreeableness), 신경성 (neuroticism)과 각각의 세부 항목 6개씩의 측정 결과가 제시되어 있다. 그리고 욕구를 구성하는 12개 세부 항목과 가치를 구성하는 5개 세 부 항목의 측정 결과도 제시되어 있으며, 소비 성향을 구성하는 8개 세부 항목의 결과도 제시되어 있다.

3.3. Tone analyzer

IBM Watson AI 서비스 중 하나로 Tone Analyzer가 있다. 입력 된 텍스트로부터 기쁨(joy), 공포(fear), 슬픔(sadness), 분노(anger), 분 석적(analytical), 확신(confident), 우유부단함(tentative) 등의 어조(tone) 를 탐지하여 0과 1 사이의 강도로 표현한다. 입력 텍스트 전체 차원 과 개별 문장 차원, 두 수준에서 분석한 결과를 제시해준다. 서비스 의 과학적 배경 등 자세한 설명은 IBM Cloud 문서(https://cloud.ibm. com/docs/services/tone-analyzer)를 참고하면 된다. Dashboard에서 View Resources를 선택한 후, Services 항목에서 Tone analyzer를 선택하 면 Credentials 항목에 API Key 와 URL이 표시된다. 이를 각각 아래 코드의 api_key, base_url 변수에 할당하면 된다. 분석에 사용된 샘플 텍스트는 데모 페이지(https://tone-analyzer-demo.ng.bluemix.net)의 'Online Review'이다.

```
import requests

filename = "sample_review.txt"

api_key = ""
base_url = ""
url = base_url + "/v3/tone"

headers = {
    "Content-Language": "en",
    "Accept-Language": "en",
    "Content-Type": "text/plain;charset=utf-8"
}

parameters = {
    "version": "2017-09-21"
}

def tone_analyzer(filename):
    with open(filename, "rb") as f:
        body = f.read()

    try:
        response = requests.post(url, headers=headers, params=parameters,
auth=("apikey", api_key), data=body)
        results = response.json()
    except Exception as e:
        print(e)
        results = None

    return results

results = tone_analyzer(filename)
```

    실제로 요청이 보내지는 주소(url)는 base_url 에 "/v3/tone"이 추가된 것이다. 현재 버전은 3으로, 이후 업그레이드에 따라 적절한 버전을 넣어주면 된다. 그 밑에는 요청에 필요한 헤더(header)와 파라미터(parameter)가 제시되어 있다. 헤더와 파라미터에 대한 자세한 정보는 API 레퍼런스(https://cloud.ibm.com/apidocs/tone-analyzer)를 참고하면 된다. 분석하고자 하는 텍스트 파일을 바이너리 형태로 열어서, 파이썬의 requests 모듈의 post() 함수를 이용해 지정된 주소로 보내면 그 결과가 반환되어 results에 저장된다. 결과는 아래와 같다.

```
{'document_tone': {'tones': [{'score': 0.575803,
    'tone_id': 'sadness',
    'tone_name': 'Sadness'},
  {'score': 0.867377, 'tone_id': 'tentative', 'tone_name':
'Tentative'}]},
 'sentences_tone': [{'sentence_id': 0,
   'text': 'I was asked to sign a third party contract a week out from
stay.',
   'tones': []},
  {'sentence_id': 1,
   'text': "If it wasn't an 8 person group that took a lot of wrangling I
would have cancelled the booking straight away.",
   'tones': [{'score': 0.695927,
    'tone_id': 'sadness',
    'tone_name': 'Sadness'}]},
  {'sentence_id': 2,
   'text': 'Bathrooms - there are no stand alone bathrooms.',
   'tones': []},
  {'sentence_id': 3,
   'text': 'Please consider this - you have to clear out the main bedroom
to use that bathroom.',
   'tones': [{'score': 0.898327,
    'tone_id': 'confident',
    'tone_name': 'Confident'},
  {'score': 0.711887, 'tone_id': 'analytical', 'tone_name':
'Analytical'}]},
  {'sentence_id': 4,
   'text': 'Other option is you walk through a different bedroom to get to
its en-suite.',
   'tones': []},
  {'sentence_id': 5,
   'text': 'Signs all over the apartment - there are signs everywhere -
some helpful - some telling you rules.',
   'tones': [{'score': 0.555144, 'tone_id': 'sadness', 'tone_name':
'Sadness'},
    {'score': 0.647986, 'tone_id': 'tentative', 'tone_name':
'Tentative'}]},
  {'sentence_id': 6,
   'text': 'Perhaps some people like this but It negatively affected our
enjoyment of the accommodation.',
   'tones': [{'score': 0.955608,
```

```
    'tone_id': 'tentative',
    'tone_name': 'Tentative'}]},
  {'sentence_id': 7,
   'text': 'Stairs - lots of them - some had slightly bending wood which
caused a minor injury.',
   'tones': [{'score': 0.91961,
    'tone_id': 'tentative',
    'tone_name': 'Tentative'},
   {'score': 0.560098, 'tone_id': 'analytical', 'tone_name':
'Analytical'}]}]}
```

document_tone 항목에 sadness와 tentative가 점수와 함께 제시되어 있는 것을 볼 수 있다. 그리고 각 문장별로도 어조 분석 결과가 제시되어 있다.

4. 활용 사례

온라인 인공지능 서비스는 짧은 역사를 감안하면 여러 분야의 연구에 활발하게 사용되어 오고 있다고 볼 수 있다. 위에서 소개한 Microsoft Azure나 IBM Watson 이외에도 Google Vision, Face++ 등의 온라인 인공지능 서비스들도 많이 사용되어 왔다. 주로 온라인 상의 데이터나 소셜 미디어 게시물을 분석하는 데 활용되고 있는데, 이절에서는 공학이나 기술 분야는 제외하고 사회 과학적인 문제를 해결하는 데 온라인 인공지능 서비스를 활용한 사례들을 살펴보기로 한다. 또한 학술대회에 발표된 논문보다는 학술지와 도서에 게시된 연구 결과만을 선별하였다.

여러 연구 주제 가운데, 소셜 미디어에 게시된 사진을 인공지능 서비스를 사용해 분석한 연구들이 진행되어 왔다. 먼저 김윤환과 김장현(Kim & Kim, 2018)의 연구를 들 수 있다. 그들은 인스타그램 이용자의 성격적 특성과 그들이 올린 게시물의 특성 사이의 관계를 살펴보는 데 인공지능 서비스를 활용하였다. 179명의 대학생에게 온라인 설문조사를 실시하여 성격 5요인(Big-Five personaltity)을 비롯한 성격 관련 변수를 측정한 후, 응답자들의 인스타그램 계정에 게시된 모든 사진을 다운로드하였다. 사진 게시물의 특성을 측정하기 위해 Microsoft Azure Cognitive Services의 Computer Vision API를 사용하여, 한 응답자가 게시한 전체 사진 중 15가지의 내용 분류 기준(abstract, animal, building, dark, drink, food, indoor, others, outdoor, people, plant, object, sky, text, transportation)별로 각각 차지하는 비중을 계산하였다. 또한 Face API를 사용하여, 한 응답자가 게시한 전체 사진에 등장한 모든 얼굴로부터 8가지 감정 기준(anger, contempt, disgust, fear, happiness, neutral, sadness, surprise)별로 평균값을 계산하였다. 상관 분석 결과, 응답자의 외향성은 사람 관련 사진의 비중과, 응답자의 성별은 음식 관련 사진의 비중과 유의미한 상관관계가 있는 것으로 드러났다. 또한 응답자의 외향성과 친화성은 게시된 사진 속의 평균 얼굴 개수와, 외향성, 친화성, 성실성은 사진 속 얼굴의 행복 감정의 강도와 유의미한 상관관계가 있는 것으로 나타났다.

또한 무랄리드하라와 폴(Muralidhara & Paul, 2018)은 온라인 인공지능 서비스를 통해 추출한 사진의 내용 기반 태그를 토픽 모델링에 활용하였다. 그들은 인스타그램 상에서 공유되는 건강 관련 사진의 내용을 분석함으로써, 소셜 미디어 데이터가 공중 보건 모니터링을 위해 효과적으로 사용될 수 있는지를 살펴보았다. 건강 관련 내용의 해쉬태그가 달린 인스타그램 포스트를 수집한 후, 해쉬태그, 사진의 텍스트 캡션, 그리고 Microsoft Azure Cognitive Services의 Computer Vision API를 통해 추출한 내용 태그, 세 가지 정보를 통해 각각 토픽 모델링을 실시하였다. 분석을 통해 그들은 온라인 인공지능 서비스를 통해 추출된 이미지 태그가 섬세하지 못하고 잡음이 섞이는 등의 한계를 가짐을 지적하였다. 그러나 동시에 다이어트나 약물 사용과 같은 특정 주제와 연관된 사진 검색 및 내용 분석에 있어서는 정확한 결과를 얻을 수도 있다는 점을 언급하기도 하였다.

정치 영역에서 후보자들의 시각적 재현 양상을 온라인 인공지능 서비스를 사용해 분석한 연구들도 진행되어 왔다. 펑(Peng, 2018)은 특정 후보자에 대한 시각적 재현에 해당 미디어의 당파적 성향이 어떻게 드러나는지를 살펴보았다. 2016년 미국 대선에 출마한 두 주요 정당의 후보들(클린턴과 트럼프)에 대한 15개 신문의 사진을 온라인 인공지능 서비스를 통해 분석하였다. 분석 결과, 모든 신문들의 보도를 통틀어 트럼프의 얼굴이 보다 크게 보도됐으며, 트럼프의 얼굴 사진에 행복한 감정이 덜 드러나고 분노의 감정이 더 드러났다. 또한 트럼프 사진의 피부 상태가 덜 건강한 것으로 묘사되었으며, 다른 사람의 얼굴과 함께 등장하는 정도가 적은 것으로 나타났다. 이러한 차이를 신문의 당파적 성향과 함께 분석한 결과, 신문의 당파적 성향에 따라 이념적으로 자신들에게 가까운 후보를 더 긍정적으로 묘사하는 것으로 나타났다. 예를 들어, 당파적으로 상대방 성향의 후보는 얼굴만을 크게 부각한 사진을 통해 보도하거나 피부 상태가 덜 건강하게 묘사된 얼굴을 보도하는 방식이이었다. 또한 매체들의 후보에 대한 위와 같은 시각적 재현이 보는 사람들로 하여금 후보들을 긍정적 또는 부정적으로 평가하는 데 영향을 미친다는 결과도 제시되었다. 예를 들어, 얼굴에 드러난 행복한 감정은 후보에 대한 긍정적 평가에, 얼굴 크기와 분노 감정은 부정적 평가에 영향을 미친다는 것이다.

한국의 대선 후보에 대한 연구로는 김윤환, 길우영, 이종혁(2017)의 연구가 있다. 그들은 미디어에 나타난 선거 후보자의 정서가 해당 후보자에 대한 공중의 평가에 영향을 미치는지를 살펴보는 것을 목적으로 하였다. 이를 위해 2017년 19대 한국 대통령 선거의 주요 후보들에 대한 지상파와 종편 뉴스 보도를 분석하였다. 대선 전후 일주일 동안 메인 뉴스 프로그램에 보도된 대선 관련 뉴스 동영상 877개를 수집하여, 영상의 기본 단위인 샷(shot)으로 나누고 각 샷으로부터 핵심 프레임(keyframe)을 추출하였다. 이렇게 추출된 핵심 프레임들로부터 Microsoft Azure Cognitive Services의 Face API를 사용하여 8개의 감정 항목(anger, contempt, disgust, fear, happiness, neutral, sadness, surprise)을 측정하였다. 후보별로 측정한 감정과 온라인 설문조사를 통해 실시한 후보별 평가를 통합하여 구축한 모형을 분석하였다. 분석 결과, 미디어에 등장한 후보의 긍정적 정서가 수용자의 후보 평가에 긍정적 영향을 미치는 것으로 나타났으며, 부정적 정서 역시 후보자의 평가에 부정적 영향을 미치는 것으로 드러났다.

온라인 설문조사와 온라인 인공지능 서비스의 결합에 대해 살펴본 연구도 있다. 보쉬, 레빌라와 파우라(Bosch, Revilla & Paura, 2018)는 온라인 설문에서 응답자에게 문항에 답하는 대신 지시에 의해 찍은 사진 또는 원래 보관하고 있던 사진을 업로드하도록 하였다. 이를 통해 응답자로 하여금 사진을 통해 응답하도록 하는 것이 어느 정도의 실행 가능성을 갖는 전략인지를 살펴보았다. 연구 결과, 절반 이상의 응답자들이 사진 업로드 요구에 응답하여 실제 사진을 업로드하였다. 또한 온라인 인공지능 서비스인 구글 비전(Google Vision)을 통해 사진을 분석한 결과와 휴먼 코더(human coder)에 의한 분석 결과를 비교한 결과, 60%에 가까운 사진들이 동일한 내용으로 분석되었다. 1,800여 개의 사진을 분석하는 데 휴먼 코더는 35시간이, 온라인 인공지능 서비스는 5분이 걸린 것을 감안할 때, 사진 업로드 방식으로 진행되는 온라인 설문조사는 적지 않은 효용성을 갖는 전략이라고 저자들은 결론지었다.

성격(personality)과 관련하여 인공지능 서비스를 활용한 연구들도 진행되어 왔다. IBM Watson Personality Insights를 간단하게 사용한 사례로는 두타 외(Dutta et al., 2017)의 연구가 있다. 기존의 성격적 특성에 대한 연구는 주로 설문조사를 통해 이루어졌는데, 이러한 방법은 측정하고자 하는 사람에게 쉽게 접근하기 어렵고 응답률이 낮다는 한계점이 있다는 것이 그들의 지적이다. 따라서 그들은 유명인사들의 성격을 직접 측정하는 대신 그들의 트위터 게시물을 통해 IBM Watson Personality Insight를 활용하여 측정하였다. 유명인사들의 성격을 분석한 결과, 개방성, 친화성, 외향성 등 세 가지 특성은 유명인사들의 직업군에 따라 차이를 보인 반면, 성실성과 신경성은 차이를 보이지 않는 것으로 나타났다.

콥, 리드와 워커(Kop, Read & Walker, 2019)는 온라인 인공지능 서비스를 이용하여 총기난사범의 성격을 분석하였다. 미국의 총기난사범 11명이 공개된 온라인 공간에 게시한 글을 IBM Watson Personality Insights를 통해 분석한 결과, 총기난사범들의 개방성이 일반인들에 비해 높은 것으로 나타났으며, 외향성과 친화성은 일반인들에 비해 낮은 것으로 나타났다. 신경성과 성실성의 측면에서는 총기난사범과 일반인들 사이에 유의미한 차이가 발견되지 않았다.

IBM Watson Personality Insights를 소셜 미디어 데이터 분석에 활용한 연구로는 윤, 파무크수즈와 더프(Yun, Pamuksuz & Duff, 2019)의 연구가 있다. 그들은 브랜드 트위터 계정을 팔로우하는 이용자들의 성격과 브랜드 자체의 성격이 얼마나 일치하는지를 살펴보았다. 맥도날드(McDonald's), 할리-데이비슨(Harley-Davidson), 톰스 슈즈(Tom's Shoes) 등 세 브랜드의 트위터 계정의 게시물을 IBM Watson Personality Insights에 업로드하여 계정의 성격을 측정하였고, 해당 계정의 팔로워들의 성격 역시 측정하였다. 브랜드와 팔로워들의 성격을 성격 5요인의 각 요소로 이루어진 성격 벡터로 표현하고, 코사인 유사도(cosine similarity)를 통해 브랜드의 성격과 팔로워들의 성격 사이의 평균적인 유사도를 계산하였다. 분석 결과, 브랜드 계정의 팔로워들은 팔로워가 아닌 이용자에 비해 해당 브랜드의 성격과 더 유사한 것으로 나타났다.

휘팅햄, 뵈커와 그리고르칙(Whittingham, Boecker & Grygorczyk, 2019)은 트위터 이용자의 성격에 따라 유전자 변형 생물(Genetically Modified Organism; GMO)에 대한 인식이 어떻게 다른지를 살펴보기 위해 IBM

Watson Personality Insights를 활용하였다. GMO에 대해 언급한 522개의 트위터 계정을 확보하여, 계정별로 GMO를 안전하다고 얘기했는지 그렇지 않다고 얘기했는지를 연구자가 직접 판별하였다. 그리고 각 계정이 게시한 텍스트를 통해 계정의 성격적 특성을 측정하여 GMO에 대한 안정성 여부와의 관련성을 살펴보았다. 로지스틱 회귀모형을 사용한 연구 결과, GMO에 대한 태도를 설명하는 데 성격적 특성이 유의미하게 영향을 미치는 것으로 나타났다.

발라크리슈난 외(Balakrishnan et al., 2019)는 트위터상에서 벌어지는 사이버 괴롭힘(cyberbullying)의 유형이 성격적 특성과 어떤 관련이 있는지를 살펴보았다. 기존 연구에서 활용되었던 데이터셋으로부터 사이버 괴롭힘에 해당되는 트윗과 그 유형들을 확보한 후, IBM Watson Personality Insights를 통해 각 계정의 성격을 측정하였다. 발행한 트윗 수, 팔로잉과 팔로워 수, 좋아요 개수 등 해당 계정의 다른 정보들과 함께 성격적 특성을 활용하여, 기계 학습 알고리즘을 통해 사이버 괴롭힘의 유형을 예측할 수 있는지를 살펴보았다. 연구 결과, 성격적 특성을 활용할 때 예측의 정확성이 크게 개선되는 것으로 나타났다.

5. 나오며

인공지능이 우리 사회에 큰 변화를 가져올 것이라는 주장에 대해 크게 반대하는 사람은 많지 않을 것이다. 중요한 것은 각자가 속한 분야에서 그러한 변화를 어떻게 수용할 것인지, 나아가 인공지능이라는 큰 차원의 변화를 각자가 속한 분야 차원에서는 어떤 양상의 변화로 연결시킬 것인지 하는 점이다.

인공지능은 과거 망원경과 현미경 같은 도구가 과학에 가져왔던 변화를 사회과학에 가져올 수 있을 것이다. 인간의 신체적 능력만으로는 불가능하거나 많은 비용이 드는 측정 행위를 인공지능의 도움을 받아 효율적으로 수행할 수 있다. 또한 인간의 감각 기관이 주는 오류나 측정상의 개인별 차이를 줄이는 데도 기여할 수 있다. 물론 망원경과 현미경 같은 도구가 개발되어 사용된다고 해서 측정에 오류가 없어지는 것이 아니듯이, 인공지능을 활용한다고 해서 사회 현상에 대한 모든 측정을 완전하게 진행할 수는 없다. 그러나 한정된 인지적, 경제적 자원이라는 제약조건 하에서 측정에 사용되는 비용을 줄일 수 있는 것은 큰 이점이 아닐 수 없다.

이런 점에서 인공지능을 한결 편리하게 사용할 수 있게 해주는 온라인 인공지능 서비스는 사회과학도에게 매력적인 도구가 될 수 있을 것이다. 앞서 소개한 서비스들 이외에도 여러 서비스들이 개발되고 확산되어 보다 효율적으로 사회 현상을 연구할 수 있게 되기를 기원한다. 나아가 인공지능의 도움으로, 기존에는 시도할 수 없거나 심지어 생각조차 할 수 없었던 새로운 종류의 연구문제를 제기하고 해답을 찾는 활동이 가능하게 되기를 기원한다. 그것을 통해 사회과학의 질적인 전환과 도약을 이룰 수 있을 것이다.

참고자료

김윤환, 길우영, 이종혁 (2017). 미디어 정서의 의제설정과 점화 효과 연구: 제19
대 대선 후보 영상분석과 설문조사를 연결한 혼합모형 분석. 〈사이버커뮤
니케이션학보〉, 34권 4호, 53-98.

Balakrishnan, V., Khan, S., Fernandez, T., & Arabnia, H. R. (2019). Cyberbullying
detection on Twitter using Big Five and Dark Triad features. Personality
and Individual Differences, 141, 252–257. http://doi.org/10.1016/
j.paid.2019.01.024

Bosch, O. J., Revilla, M., & Paura, E. (2018). Answering mobile surveys
with images: An exploration using a computer vision API.
Social Science Computer Review, 37(5), 669–683. http://doi.
org/10.1177/0894439318791515

Dutta, K., Singh, V. K., Chakraborty, P., Sidhardhan, S. K., Krishna, B. S., & Dash,
C. (2017). Analyzing Big-Five personality traits of Indian celebrities using
online social media. Psychological Studies, 62(2), 113–124. http://doi.
org/10.1007/s12646-017-0408-8

Kim, Y., & Kim, J. H. (2018). Using computer vision techniques on Instagram
to link users' personalities and genders to the features of their photos:
An exploratory study. Information Processing & Management, 54(6),
1101–1114. http://doi.org/10.1016/j.ipm.2018.07.005

Kop, M., Read, P., & Walker, B. R. (2019). Pseudocommando mass murderers:
A big five personality profile using psycholinguistics. Current Psychology,
132(2–3), 90–9. http://doi.org/10.1007/s12144-019-00230-z

Muralidhara, S., & Paul, M. J. (2018). #Healthy selfies: Exploration of health topics
on Instagram. JMIR Public Health and Surveillance, 4(2), e10150–12.
http://doi.org/10.2196/10150

Peng, Y. (2018). Same candidates, different faces: Uncovering media bias in visual
portrayals of presidential candidates with computer vision. Journal of
Communication, 68(5), 920–941. http://doi.org/10.1093/joc/jqy041

Whittingham, N., Boecker, A., & Grygorczyk, A. (2019). Personality traits,
basic individual values and GMO risk perception of Twitter users.
Journal of Risk Research, 1(1), 1–19. http://doi.org/10.1080/1366987

7.2019.1591491

Yun, J. T., Pamuksuz, U., & Duff, B. R. L. (2019). Are we who we follow?
Computationally analyzing human personality and brand following on
Twitter. International Journal of Advertising, 38(5), 776 – 795. http://doi.
org/10.1080/02650487.2019.1575106

3장

사진의 저수준 특성

김윤환

1. 들어가며

 온라인 데이터에서 사진이나 동영상 등 시각 데이터가 차지하는 비중이 크게 증가하고 있다. 요새는 잘 사용되지 않지만, 멀티미디어 (multimedia)라는 용어는 애초 디지털 미디어에서 텍스트 이외에 사진, 동영상, 음악, 음성 등 다양한 형태의 데이터가 사용된다는 것을 보여 준다. 특히 고성능의 모바일 기기가 널리 보급되어 누구나 높은 품질의 사진과 동영상을 촬영, 편집할 수 있고, 이동통신 망의 고급화로 인해 텍스트에 비해 많은 용량을 차지하는 사진과 동영상 데이터를 빠른 시간 안에 전송할 수 있게 되면서, 시각 데이터의 비중은 더욱 빠르게 증가하고 있다. 또한 인스타그램이나 유튜브 등 시각 데이터에 특화된 SNS를 통해 편리하게 자신의 사진과 동영상을 공유할 수 있게 되면서, 시각 데이터가 갖는 사회적 영향력 또한 높아지고 있다.
 시각 데이터가 텍스트 데이터와 다른 점 중 하나는 저수준 특성 (low-level features)을 갖는다는 것이다. 어떤 내용의 자료이며 어떤 대상들이 등장하는지 등 인지적 작용을 통해 파악해야 하는 고수준 특성(high-level features) 이외에, 화소(pixel) 차원에서도 작성자의 사상과 감정이 표현되고 전달되는 것이다. 어떤 내용으로 이루어져 있는가 하는 질문은 시각 데이터와 텍스트 데이터에 공통적으로 적용된다. 그러나 화소 차원의 특성은 시각 데이터에만 존재한다. 예를 들어, 한 사진을 구성하는 화소들의 값을 히스토그램으로 나타내는 것은 사진의 내용과는 전혀 상관이 없지만, 그 자체로 사진의 특성을 보여주는 또 하나의 기준이 되기도 하고 각종 연산을 위한 기초 작업이 되기도 한다. 이러한 화소 차원의 저수준 특성은, 시각 자료를 공학적으로 다루는 컴퓨터 비전(computer vision)이나 디지털 이미지 처리(digital image processing) 분야에서는 널리 사용되어 왔지만, 사회과학 분야에서의 시각 데이터 분석에는 아직까지 활발히 사용되지는 못하고 있다.

이 장에서는 사진의 대표적인 저수준 특성 몇 가지를 소개하고, 사회과학 연구에서 활용된 사례들을 간략히 소개하고자 한다. 매우 많은 저수준 특성들이 존재하지만, 사회과학의 입장에서 의미를 부여하기 용이한 것 중에서 몇 가지만을 선택하였다.

2. 색채 관련 특성들

2.1 색채값과 색채 히스토그램

디지털 사진은 화소로 이루어져 있고, 각 화소는 색채(color)를 나타내는 정보를 담고 있다. 색채를 나타내는 방식에는 여러 가지가 있는데, 대표적으로 빨강, 녹색, 파랑 등 세 가지 기본 색채가 혼합되어 특정한 색채를 표현하는 RGB 방식과, 색상(hue), 채도(saturation), 명도(value) 등 세 가지 정보를 통해 색채를 표현하는 HSV 방식이 있다. 디지털 사진의 화소는 색채 표현 방식에 따라 RGB 또는 HSV 등 세 가지 값을 갖게 되는데, 하나의 사진을 구성하는 모든 화소들이 가지고 있는 각각의 값들의 통계치는 사진의 가장 기본적인 저수준 특성이 될 수 있다.

그림 1　샘플 사진. flowers.jpeg

　컴퓨터 비전과 이미지 처리 등에 많이 사용되는 OpenCV 라이브러리를 사용하여 이미지를 불러온 후 그 결과를 살펴보면, Numpy 배열에 각 화소별로 담겨 있는 값을 확인할 수 있다. 참고로 RGB 값은 0

에서 255 사이의 값을 가지며, OpenCV에서는 BGR의 순서로 숫자가 제시된다.

```
>>> import cv2
>>> img = cv2.imread(<flowers.jpeg>)
>>> img

array([[[193, 152, 137],
        [195, 154, 139],
        [196, 155, 140],
        ...,
        [211, 169, 150],
        [210, 168, 149],
        [206, 167, 145]],

       [[197, 156, 141],
        [197, 156, 141],
        [197, 156, 141],
        ...,
        [210, 168, 149],
        [211, 169, 150],
        [208, 168, 149]], ...
```

불러온 이미지를 통해 BGR 각각의 평균과 분산을 구하는 함수는 아래와 같다.

```
def bgr_metrics(image):
    blue = image[:, :, 0]
    blue_mean = blue.mean()
    blue_var = blue.var()

    green = image[:, :, 1]
    green_mean = green.mean()
    green_var = green.var()

    red = image[:, :, 2]
    red_mean = red.mean()
    red_var = red.var()

    return blue_mean, blue_var, green_mean, green_var, red_mean, red_var
```

채도와 명도를 구하기 위해서는 불러온 이미지를 HSV 형태로 바꿔줘야 한다. 아래에는 위에서 불러온 이미지를 HSV 형태로 전환한 후, 채도와 명도의 평균과 분산을 구하는 함수가 제시되어 있다. 채도와 명도 역시 0에서 255의 값을 갖는다.

```python
img_hsv = cv2.cvtColor(img, cv2.COLOR_BGR2HSV)

def saturation_metrics(image_hsv):
    saturation = image_hsv[:, :, 1]
    saturation_mean = saturation.mean()
    saturation_var = saturation.var()

    return saturation_mean, saturation_var

def value_metrics(image_hsv):
    value = image_hsv[:, :, 2]
    value_mean = value.mean()
    value_var = value.var()

    return value_mean, value_var
```

평균이나 분산과 같은 통계량 이외에, 히스토그램을 그려서 그 특성을 살펴볼 수도 있다. 아래에는 OpenCV 의 calcHist() 함수를 이용하여 히스토그램을 구하는 사례가 제시되어 있다. 첫번째 인자는 위에서 불러온 이미지이고, 두 번째 인자는 BGR 가운데 어떤 것의 히스토그램을 그릴 것인지를 선택하는 것으로서 BGR의 순서대로 0, 1, 2에 해당한다. 세 번째 인자는 마스크(mask)를 사용하여 이미지의 일정 부분만의 히스토그램을 구할지의 여부로서, 전체 이미지에 대한 히스토그램을 구하려면 None을 사용한다. 네 번째 인자는 히스토그램의 막대(bin)의 개수로서, 전체 영역을 계산하려면 [256]을 입력한다. 다섯 번째 인자는 히스토그램을 계산할 범위로서, 전체 픽셀 강도 범위를 계산하려면 [0, 256]을 입력한다. 아래 그림은 히스토그램을 플롯한 결과이다.

```
hist_blue = cv2.calcHist(img, [0], None, [256], [0, 256])
hist_green = cv2.calcHist(img, [1], None, [256], [0, 256])
hist_red = cv2.calcHist(img, [2], None, [256], [0, 256])
```

그림 2   BGR 히스토그램

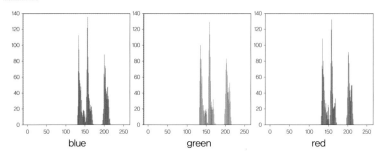

2) 색채 화려함(colorfulness)

사진의 색채가 얼마나 화려한지를 계량적으로 측정하여 저수준 특성으로 활용할 수 있다. 색채의 화려함은 주관적인 감상의 영역에 속한다. 즉 같은 사진이 주어져도 사람에 따라 색채의 화려함에 대한 인식이 다를 수 있다는 얘기다. 그러나 이와 동시에 색채의 화려함을 객관적으로 측정하려는 노력도 이어져왔다(Palus, 2006). 그 중 몇몇 연구는 사진의 화소 차원의 정보를 활용한 측정 방법과 실험 참가자들이 평가한 결과 사이의 연관성을 통해 색채 화려함에 대한 측정치를 개발하였다(Amati, Mitra & Weyrich, 2014; Hasler & Süsstrunk, 2003). 이러한 측정치는 이후 기계 학습을 통한 이미지 분류에 활용되거나(Machajdik & Hanbury, 2010), 예술성의 측면에서 사진을 탐색하는 데 사용되기도 했다(Datta et al., 2006). 본 절에서는 가장 간단하면서도 널리 사용되는 해슬러와 수스트렁크(Hasler & Süsstrunk, 2003)의 측정 방법을 소개하기로 한다.

$$C = \sigma_{rgyb} + 0.3\mu_{rgyb}$$

$$\sigma_{rgyb} = \sqrt{\sigma_{rg}^2 + \sigma_{yb}^2}$$

$$\mu_{rgyb} = \sqrt{\mu_{rg}^2 + \mu_{yb}^2}$$

$$rg = R - B$$

$$yb = \frac{1}{2}(R + G) - B$$

위의 수식을 간략히 설명하면, 한 픽셀의 R값과 B값의 차이를 rg, R값과 G값을 더해서 반으로 나누고 B 값을 뺀 것을 yb라고 한다. 한 사진의 모든 픽셀들로부터 계산한 이 값들의 평균(μ)과 표준편차(σ)를 통해 색채 화려함을 계산할 수 있다. 다음은 위 수식을 코드로 옮긴 것이다.

```
def image_colorfulness(image):
        # split the image into its respective RGB components
        (B, G, R) = cv2.split(image.astype(«float»))

        # compute rg = R - G
        rg = np.absolute(R - G)

        # compute yb = 0.5 * (R + G) - B
        yb = np.absolute(0.5 * (R + G) - B)

        # compute the mean and standard deviation of both `rg` and `yb`
        (rbMean, rbStd) = (np.mean(rg), np.std(rg))
        (ybMean, ybStd) = (np.mean(yb), np.std(yb))

        # combine the mean and standard deviations
        stdRoot = np.sqrt((rbStd ** 2) + (ybStd ** 2))
        meanRoot = np.sqrt((rbMean ** 2) + (ybMean ** 2))

        # derive the «colorfulness» metric and return it
        return stdRoot + (0.3 * meanRoot)
```

출처: https://www.pyimagesearch.com/2017/06/05/computing-image-colorfulness-with-opencv-and-python/

3) 색채 다양성(color diversity)

한 사진에 사용된 색채들이 얼마나 다양한지를 계량화하여 측정하는 방법이 개발되어 왔다. 가장 간단한 방법 중 하나는 위에서 RGB 히스토그램을 그린 것과 같이 색상(hue)의 히스토그램을 그려서 그것의 분포를 살펴보는 방법이다. 그러나 이보다 보다 복잡하고 정교한 방법도 개발되어 왔다. 대표적인 것이 프랙탈 차원(fractal dimension)이다. 프랙탈 차원은 프랙탈 도형의 확장(scale)에 따른 차원수를 나타내는 수치인데, 디지털 이미지의 색채 다양성의 수치로 사용되기도 했다(Kim, Son & Jeong, 2014). 아래 그림에는 주어진 사진의 프랙탈 차원을 상자 세기 방법(box-counting method)을 통해 계산하는 과정이 제시되어 있다. 사진(그림 a)의 각 화소의 RGB값을 좌표로 사용하면 사진의 모든 화소들을 3차원 공간에 위치시킬 수 있다. RGB값의 범위에 따라 0에서 255 사이의 값을 갖는 각 축을 일정한 크기(ε)로 나누면 3차원 공간은 여러 개의 상자들을 쌓아놓은 모양이 되는데, 상자 안에 사진의 픽셀이 하나 이상 들어있는 상자의 개수를 센다. 이때 ε의 값을 점점 늘려나가면 상자의 크기가 커짐에 따라 한정된 공간 안에 있는 상자의 개수는 줄어들고, 픽셀이 하나 이상 들어 있는 상자의 개수도 줄어들게 된다(그림 b). 이 줄어드는 패턴이 로그로그 플롯(log-log plot) 위에서 만들어내는 직선의 기울기의 절대값이 프랙탈 차원이 된다(그림 c). 아래에는 이러한 과정을 구현한 코드가 제시되어 있다.

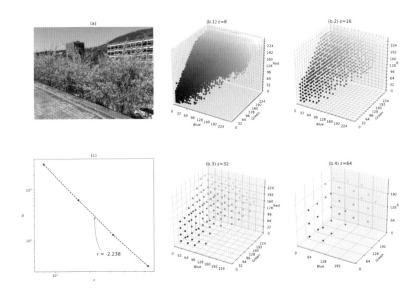

```
def count_boxes(image, epsilon):
    N = np.int(np.floor(256 / epsilon))
    counts = list()
    for b in range(N):
        for g in range(N):
            for r in range(N):
                b_condition = (image[:, :, 0] >= b * epsilon) & (image[:,
:, 0] < (b+1) * epsilon)
                g_condition = (image[:, :, 1] >= g * epsilon) & (image[:,
:, 1] < (g+1) * epsilon)
                r_condition = (image[:, :, 2] >= r * epsilon) & (image[:,
:, 2] < (r+1) * epsilon)

                subset = image[b_condition & g_condition & r_condition]
                counts.append(len(subset))
    counts = [i for i in counts if i != 0]
    return len(counts)

def get_fractal_dimension(image):
    scales = [8, 16, 32, 64]
    N = [count_boxes(image, s) for s in scales]
    coeffs = np.polyfit(np.log(scales), np.log(N), 1)
    return abs(coeffs[0])

diversity = get_fractal_dimension(img)
```

4) 색채 조화(color harmony)

한 사진에 사용된 색채들이 얼마나 조화로운지도 계량화하여 측
정하는 방법이 개발되어 왔다. 본 절에서는 다타 외(Datta et al., 2006)
와 마하이디크와 한버리(Machajdik & Hanbury, 2010)에 기반한 방법을 소
개하고자 한다. 기본적인 접근법은 주어진 사진에서 가장 많이 사용
된 대표적인 색채를 찾아 그것들 사이의 관계를 바탕으로 사진 차원
에서의 조화로움을 계량화하는 것이다. 먼저 사진의 대표적인 색채
를 찾기 위해서는 색상(hue) 히스토그램을 사용한다. 사진을 HSV 형
태로 변환한 후, H의 히스토그램을 그리고 히스토그램의 지역 최대

값(local maxima)를 이용하여 봉우리(peak)를 찾는다. 이렇게 찾은 봉우리에 해당하는 색상이 색채 바퀴(color wheel) 상에서 만들어내는 각도를 통해 색채의 조화로움을 판정한다. 마하이디크와 한버리(Machajdik & Hanbury, 2010)는 이러한 봉우리들이 만드는 도형의 내각(internal angle)이 정다각형의 내각과 얼마나 차이나는지를 통해 색채 조화를 계량화하였다. 다타 외(Datta et al., 2006)는 보다 간단하게 두 개의 봉우리에 해당하는 색채가 색채 바퀴 상에서 만들어내는 내각이 180도와 얼마나 차이가 나는지를 통해 색채 조화를 계량화하였다(그림 참조). 아래에는 위의 방법을 사용하여 색채 조화를 구하는 코드가 제시되어 있다. OpenCV에서는 색상(hue)의 기본값이 [0, 179]로 되어있기 때문에 180도와의 차이가 아니라 90도와의 차이로 계산하였다. 참고로 봉우리를 탐지하는 과정에서 사용되는 delta라는 매개변수는 탐지의 민감도를 조절하는 것으로서, 숫자가 적을수록 더 엄격한 기준을 적용하여 적은 개수의 봉우리를 탐지하게 된다.

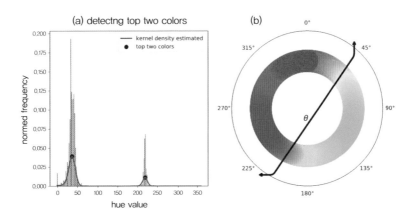

```
import sys
from numpy import NaN, Inf, arange, isscalar, asarray, array

def peakdet(v, delta, x = None):
    # 출처: https://gist.github.com/endolith/250860#file-peakdetect-py
    maxtab = []
    mintab = []

    if x is None:
        x = arange(len(v))

    v = asarray(v)

    if len(v) != len(x):
        sys.exit('Input vectors v and x must have same length')

    if not isscalar(delta):
        sys.exit('Input argument delta must be a scalar')

    if delta <= 0:
        sys.exit('Input argument delta must be positive')

    mn, mx = Inf, -Inf
    mnpos, mxpos = NaN, NaN

    lookformax = True

    for i in arange(len(v)):
        this = v[i]
        if this > mx:
            mx = this
            mxpos = x[i]
        if this < mn:
            mn = this
            mnpos = x[i]

        if lookformax:
            if this < mx-delta:
                maxtab.append((mxpos, mx))
                mn = this
                mnpos = x[i]
                lookformax = False
        else:
            if this > mn+delta:
                mintab.append((mnpos, mn))
                mx = this
                mxpos = x[i]
                lookformax = True
```

```
    return array(maxtab), array(mintab)


def get_two_top_hues(image_hsv):
    hue = image_hsv[:, :, 0]
    x_grid = np.linspace(0, 180, 181)
    try:
        pdf = gaussian_kde(hue.ravel())
        pdf_evl = pdf.evaluate(x_grid)

        maxtab, mintab = peakdetect.peakdet(pdf_evl, 0.0005)

        if len(maxtab) < 2:
            return maxtab[0][0], maxtab[0][0], len(maxtab)

        maxtab_sorted = maxtab[maxtab[:,1].argsort()]
        return maxtab_sorted[-1][0], maxtab_sorted[-2][0], len(maxtab)

    except Exception as e:
        # in grayscale image, all hue values are zero.
        print(e)
        return 0


def calculate_harmony(hue_1, hue_2):
    angle_diff = 90 - abs(abs(hue_1 - hue_2) - 90)
    return angle_diff
```

2. 사진의 저수준 특성과 감정: PAD 모델

사진을 볼 때 사람이 느끼게 되는 감정과 사진의 저수준 특성 사이의 연관성에 대해서도 연구가 진행되어 왔다. 사진의 저수준 특성과의 연관성 이전에, 사람의 감정을 어떻게 모델링 할 것인지에 대해서도 여러 방법들이 있다. 크게 나누면, 감정을 불연속적이고 분리된 범주(ex. 기쁨, 슬픔, 두려움 등) 중 하나에 속하는 것으로 모델링하는 방법과, 2차원 또는 3차원으로 이루어진 연속적인 공간상의 한 지점으로 모델링하는 방법이 있다(Wang & Ji, 2015). 본 절에서 소개할 PAD 모델은 이 중 후자에 속하는 것으로서, pleasure-arousal-dominance로 이루어진 3차원 공간상의 한 점으로 감정을 표현하는 방법이다(Bakker et al., 2014; Mehrabian, 1996; Russell & Mehrabian, 1977). Pleasure는 감정 상태의 긍정-부정 정도를 나타내는 축이고, Arousal은 긴장 정도를, Dominance는 주변 환경과 타인에 대한 통제감의 정도를 나타내는 축이다. 이러한 세 축에서의 강도에 따라 감정의 종류가 달라지게 된다. 예를 들어, 기쁨에 해당하는 감정은 pleasure가 높은 값을 갖지만, arousal이 높으면 격정적인 즐거움이, 낮으면 편안한 즐거움이 된다. 또한 화가 나는 것은 pleasure가 낮은 값을 갖는 감정이지만, dominance가 높으면 타인에게 화를 내는 격노에 해당되는 반면, dominance가 낮으면 공포에 가까운 감정이 된다. 이와 같이 PAD 모델을 통해 연속 공간 상에서 표현되는 감정을 사진의 저수준 특성과 연관시킨 것이 발데즈와 메라비언(Valdez & Mehrabian, 1994)의 연구이다. 그들은 실험을 통해 사진의 채도(saturation)와 명도(brightness)가 사람이 사진을 볼 때 느끼는 감정과 일정한 연관성이 있음을 보여주었다. 아래에는 그들이 제시한 수식과, 이 수식을 구현한 코드가 제시되어 있다.

$$\text{Pleasure} = .69 \times \text{Brightness} + .22 \times \text{Saturation}$$
$$\text{Arousal} = -.31 \times \text{Brightness} + .60 \times \text{Saturation}$$
$$\text{Dominance} = -.76 \times \text{Brightness} + .32 \times \text{Saturation}$$

(Valdez & Mehrabian, 1994, p.398)

```
def pad(image_hsv):
    value = image_hsv[:, :, 2]
    value_mean = value.mean()

    saturation = image_hsv[:, :, 1]
    saturation_mean = saturation.mean()

    pleasure = (0.69 * value_mean) + (0.22 * saturation_mean)
    arousal = (-0.31 * value_mean) + (0.6 * saturation_mean)
    dominance = (-0.76 * value_mean) + (0.32 * saturation_mean)

    return pleasure, arousal, dominance
```

3. 이미지의 매력(image appeal/attractiveness)

사진이 보는 사람에게 얼마나 소구(appeal)할 수 있는지, 바꿔 말하면 사진이 얼마나 매력적으로 보이는지를 사진의 화소 정보를 통해 측정하는 연구도 진행되어 왔다. 사진으로부터 느끼는 매력은 개인의 취향이나 사전 지식에 따라 매우 다를 수 있기 때문에, 이에 대한 연구도 매우 다양하다. 가장 많이 진행된 연구들 중 하나는, 사진에 대한 사람들의 평가(ground truth)를 바탕으로 하여 사진의 저수준 특성과의 연관성을 살펴본 연구들이다(Datta et al., 2006; Li & Chen, 2009; Moorthy, Obrador, & Oliver, 2010; San Pedro & Siersdorfer, 2009; Savakis, Etz, & Loui, 2000). 이러한 연구들은 주로 시각적 미학(visual aesthetics)의 맥락에서 사람들에게 높은 평가를 받은 사진들이 어떤 저수준 특성들을 가지고 있는지를 알아보는 방식으로 이루어졌다. 이와는 달리 사진의 품질(image quality)이나 화질 향상(image enhancement)의 맥락에서 진행된 연구들도 있다(Huang, Wang, & Wu, 2006; Park & Har, 2011). 이들 중 사람들이 내린 평가와의 연관성이 아닌 이론적 논의에 기반하는 방법을 "참조 없는"(No Reference) 방법이라고 하는데(Panetta, Bao, & Agaian, 2016; Panetta, Gao, & Agaian, 2013 ; Ferzli & Karam, 2009), 사진에 대한 사람들의 평가를 쉽게 구할 수 없거나 대규모의 사진을 분석할 때 유용하게 사용되고 있다.

이미지의 매력은 하나의 측정치를 통해 측정할 수 있는 것이 아니기 때문에, 이와 관련된 다양한 측정치들이 개발되어오고 있다. 앞서 소개한 RGB, HSV 색채값이나 색채 화려함(colorfulness), 색채 다양성(color diversity), 색채 조화(color harmony) 등의 측정치들도 이미지의 매력을 측정하는 데 사용되기도 한다. 이후 각종 이론적, 경험적 연구 성과의 축적에 따라 더욱 다양한 측정치들이 소개될 것으로 예상된다. 본 절에서는 간단하게 측정하여 활용할 수 있는 측정치 세 가지만 소개하고자 한다.

1) 자연스러움(naturalness)

사진이 얼마나 자연스럽게 느껴지는지는 사람에 따라 다르게 느껴지는 주관적인 기준이다. 그러나 이를 계량화하여 측정하려는 시도 역시 이루어져 왔다. 기본적인 전제는 주어진 사진에 대한 인식이 실제 세계에 대한 인식과 부합하는 정도에 따라 자연스러움을 계량화할 수 있다는 것이다(Huang, Wang et Wu, 2006; San Pedro & Siersdorfer, 2009). 실제 세계를 구성하는 색채는 일정한 구간 안에 대부분 위치하고, 이러한 성질을 활용하면 실제 세계에 대한 인식과 유사한 인식을 유발

할 수 있는 색채적 특성을 계량화할 수 있다(Yendrikhovski, Blommaert & de Ridder, 1998). 이를 바탕으로 후앙, 왕과 우(Huang, Wang et Wu, 2006)는 사진의 자연스러움을 계산하는 알고리즘을 제시하였다. 아래에는 그들의 알고리즘을 코드로 옮긴 내용이 제시되어 있다.

```python
def naturalness(img):
    img_hls = cv2.cvtColor(img, cv2.COLOR_BGR2HLS)

    # H 는 [0, 360], L은 [0, 100], S는 [0, 1] 이 되도록 scaling
    img_hls[:, :, 0] = img_hls[:, :, 0] * 2        # Hue
    img_hls[:, :, 1] = (img_hls[:, :, 1] / 255) * 100   # Luminance
    img_hls[:, :, 2] = img_hls[:, :, 2] / 255   # Saturation

    # 계산의 편의를 위해 배열의 모양 변경
    reshaped = img_hls.reshape(img_hls.shape[0] * img_hls.shape[1], img_hls.shape[2])

    # 20 <= L <= 80, 0.1 < S 인 것만 남도록 thresholding
    thresholded = reshaped[(20 <= reshaped[:, 1]) & (reshaped[:, 1] <= 80) & (0.1 < reshaped[:, 2])]

    if len(thresholded) == 0:
        return 0
    else:
        skin = thresholded[(25 <= thresholded[:, 0]) & (thresholded[:, 0] <= 70)]
        grass = thresholded[(95 <= thresholded[:, 0]) & (thresholded[:, 0] <= 135)]
        sky = thresholded[(185 <= thresholded[:, 0]) & (thresholded[:, 0] <= 260)]

        if len(skin) == 0:
            skin_s_avg = 0
        else:
            skin_s_avg = np.mean(skin[:, 2])

        if len(grass) == 0:
            grass_s_avg = 0
        else:
            grass_s_avg = np.mean(grass[:, 2])

        if len(sky) == 0:
```

```
            sky_s_avg = 0
        else:
            sky_s_avg = np.mean(sky[:, 2])

        if len(skin) + len(grass) + len(sky) == 0:
            return 0
        else:
            N_skin = np.exp(-0.5 * (((skin_s_avg - 0.76) / 0.52) ** 2))
            N_grass = np.exp(-0.5 * (((grass_s_avg - 0.81) / 0.53) ** 2))
            N_sky = np.exp(-0.5 * (((sky_s_avg - 0.43) / 0.22) ** 2))

            N_image = ((N_skin * len(skin)) + (N_grass * len(grass)) + (N_
sky * len(sky))) / (len(skin) + len(grass) + len(sky))

            return N_image
```

2) 대비(contrast)

사진의 대비를 통해서 사진의 매력을 측정하려는 시도도 진행되어
왔다. 대비란 쉽게 말해 명암 또는 색채가 얼마나 차이나는지, 얼마나
뚜렷한지를 나타내는 측정치이다. 색채에 대한 인식은 사진의 특정
부분의 휘도(luminance)의 변화와 그 부분을 둘러싼 휘도 사이의 관계
로부터 크게 영향을 받는데, 이러한 관계를 정량화한 대비를 통해 사
진의 매력을 측정할 수 있다는 것이다(San Pedro & Siersdorfer, 2009). 다
음에는 흑백 사진의 대비와 컬러 사진의 대비를 측정하는 코드가 제
시되어 있다(Obrador, 2008; Obrador & Moroney, 2009). 주어진 사진을 HLS
형식으로 전환한 후, 휘도값의 제곱평균제곱근(root mean square)을 사
용하여 대비를 계산한다. 이 방식은 다른 사진과의 대비를 비교하는
목적에 특히 유용함이 밝혀져 왔다(Obrador, 2008). 같은 방식을 RGB 3
차원 공간으로 확장하여 컬러 사진의 대비를 계산한다.

```
def contrast(img):
    img_hls = cv2.cvtColor(img, cv2.COLOR_BGR2HLS)
    all_L = img_hls[:, :, 1]    # luminance
    return np.sqrt(np.mean(np.square(all_L - np.mean(all_L))))

def rgb_contrast(img):
    B_mean = np.mean(img[:, :, 0])
    G_mean = np.mean(img[:, :, 1])
    R_mean = np.mean(img[:, :, 2])
    mean_point = (B_mean, G_mean, R_mean)
    diff = img - mean_point
    distance = np.sqrt(np.sum(np.square(diff), axis=2))
    rgb_contrast = np.sqrt(np.mean(np.square(distance)))
    return rgb_contrast
```

3) 선명함(sharpness)

사진의 선명함을 기준으로 매력을 측정할 수도 있다. 선명함은 사진이 얼마나 뚜렷한지(clarity), 세부사항이 얼마나 자세한지(level of detail)를 측정하는 기준이다(San Pedro & Siersdorfer, 2009). 선명한 사진일수록 보는 사람에게 매력적으로 보일 가능성이 높기 때문에, 여러 선행 연구들에서 선명함이 이미지의 매력의 척도로 사용되어 왔다(Obrador & Moroney, 2009; Savakis, Etz, & Loui, 2000). 선명함을 측정하는 여러 방법들이 개발되어 왔는데(Ferzli & Karam, 2009), 본 절에서는 산 페드로와 시어스도퍼(San Pedro & Siersdorfer, 2009)가 제시한 방법을 소개한다. 각 픽셀별로 이미지의 2차 미분에 해당하는 라플라시안(Laplacian)을 주변 픽셀의 평균 휘도로 나눠 표준화한 값을 구하고, 이것을 모두 더하면 이미지의 선명함 값이 된다. 아래에는 이를 구현한 코드가 제시되어 있다. 계산의 편의를 위해 라플라시안 행렬과 주변 픽셀의 평균 휘도 행렬을 별도로 구한 후, 전자를 후자로 나눠준다.

```
def sharpness(img):
    img_hls = cv2.cvtColor(img, cv2.COLOR_BGR2HLS)
    all_L = img_hls[:, :, 1]    # luminance

    # Laplacian
    laplacian = cv2.Laplacian(all_L, -1)

    # local average luminance in the surrounding pixels
    kernel_mat = np.ones((3,3))
    kernel_mat[1,1] = 0
    kernel = kernel_mat / 8
    dst = cv2.filter2D(all_L , -1, kernel)

    # catch divide by zero error
    with np.errstate(divide=›ignore›, invalid=›ignore›):
        result = np.true_divide(laplacian, dst)
        result[ ~ np.isfinite(result)] = 0      # -inf inf NaN

    return np.sum(result)
```

4. 활용사례

사진의 저수준 특성을 활용한 연구들 가운데, 소셜 미디어 이용자들의 특성과 그들이 게시한 사진 사이의 관계를 살펴본 연구들이 있다. 먼저 퍼워다 외(Ferwerda, Schedl & Tkalcic, 2016)는 인스타그램 이용자 113명의 성격 5요인(Big-Five personality traits)을 측정한 뒤, 그들이 게시한 사진 22,398개의 저수준 특성과의 연관성을 살펴보았다. 분석결과, 개방성(openness to experience)이 높은 이용자의 사진은 녹색, 파랑, 보라색 등 차가운 색의 비중이 높았고, 특히 녹색을 더 많이 띠었다. 또한 명도는 낮고 채도는 높은 것으로 나타났다. 반면 신경성(neuroticism)이 높은 이용자의 사진은 명도가 높은 것으로 나타났다. 김윤환과 김장현(Kim & Kim, 2018)은 179명의 인스타그램 이용자의 성격을 측정하고, 그들의 사진 25,394개의 저수준 특성과의 연관성을 살펴보았다. 분석 결과, 친화성(agreeableness)과 성실성(conscientiousness)은 RGB 값의 평균과, 외향성(extraversion)은 RGB값의 분산과 유의미한 상관관계를 보여주었다. 그리고 성실성과 친화성은 명도의 평균과 유의미한 상관관계를 갖는 것으로 나타났다. 또한 PAD 모델에서 pleasure는 친화성, 성실성과 양의 상관관계, arousal은 성실성과 음의 상관관계, dominance는 친화성, 성실성과 음의 상관관계를 보이는 것으로 나타났다. 한편, 세가린 외(Segalin et al., 2016)는 300명의 이용자가 플리커(Flickr)에서 '마음에 든다(favorite)'고 태그한 60,000개 이상의 사진의 특성과 이용자의 성격 사이의 관계를 살펴보았다. 그들은 여러 저수준 특성들을 통해 예측한 이용자들의 성격과 실제 성격 사이에 높은 상관관계가 있음을 보여주었다.

김장현과 김윤환(Kim & Kim, 2019)은 색채와 관련된 세 가지 특성—색채 화려함, 색채 다양성, 색채 조화—을 중심으로 인스타그램 이용자의 특성과 그들이 올린 사진의 특성을 살펴보았다. 그들은 성격 5요인과 아울러, 삶에 대한 만족도, 외로움, 인스타그램에 대한 태도를 이용자 특성 변수로 사용하였다. 연구 결과, 친화성은 세 특성 모두와 유의미한 상관관계를 보였으며, 외향성은 색채 다양성과 유의미한 상관관계를 보여주었다. 또한 개방성은 색채 다양성 및 색채 조화와 음의 상관관계를 보였으며, 신경성은 색채 조화와 음의 상관관계를 보였다. 한편 색채 다양성은 외로움, 특히 연애 외로움(romantic loneliness)와 음의 상관관계를 갖는 것으로 나타났다.

리스와 댄포스(Reece & Danforth, 2017)는 우울증을 가진 인스타그램 이용자가 게시한 사진의 특성에 대해 살펴보았다. 저수준 특성을 포함한 각종 특성들을 활용하여 게시자의 우울증 여부를 예측할 수 있는지를 알아보는 것이 그들의 목적이었다. 이들이 활용한 저수준 특성은 색상(hue)과 명도 및 채도의 평균이었다. 분석 결과, 우울증이 있는 이용자의 사진은 다른 이용자에 비해 파랑색에 가까웠고, 보다 어두웠으며, 채도가 낮은 것으로 나타났다.

이처럼 사진을 게시하거나 마음에 든다고 태그하는 행위와 사진의 저수준 특성과의 연관성을 살펴본 연구들 이외에, 게시된 사진에 대한 공중의 반응과 저수준 특성과의 연관성을 살펴본 연구들도 있다. 먼저 첸과 드레제(Chen & Dredze, 2018)는 백신과 관련된 트윗 가운데 다른 이용자에 의해 리트윗되는 트윗의 특성을 살펴보기 위해 사진의 저수준 특성을 활용하였다. 백신 관련 트윗 중에서 사진을 포함한 트윗을 선별하여, 텍스트와 얼굴 관련 특성 등 다른 특성들과 함께 저수준 특성을 측정하였다. 이를 통해 리트윗 여부를 예측할 수 있는지를 살펴보았고, 백신 관련이 아닌 일반 트윗과의 비교 분석도 실시하였다. 분석 결과, 파랑색과 흰색의 비중이 리트윗 여부와 유의미한 연관이 있는 것으로 나타났으며, 명도의 분산 역시 유의미한 연관을 보였다. 또한 PAD 모델 중 arousal 역시 이미지를 포함한 백신 관련 트윗의 리트윗 여부와 관련이 있는 것으로 나타났다.

김윤환과 김장현(Kim & Kim, 2020)은 미국의 질병관리본부(Centers for Disease Control and Prevention) 인스타그램 계정에 게시된 사진을 분석하여, 어떤 특성을 가진 사진이 공중과의 높은 관여도('좋아요(like)' 수와 댓글 수)를 보여주는지를 살펴보았다. 동시에 사진의 특성과 사진에 달린 댓글의 감성(sentiment) 사이의 관계에 대해서도 살펴보았다. 분석 결과, 사진을 화려하고 현란하게 보이도록 만드는 특성들은 관여도와 음의 상관관계를 갖는 경향이 있음이 밝혀졌다. 구체적으로 RGB의 분산과 명도 및 채도의 분산, 따뜻한 색깔(노랑, 빨강, 주황)의 비중, 대비(contrast)와 RGB 대비 등의 저수준 특성들이 관여도와 음의 상관관계를 보여주었다. 그러나 선명함(sharpness)만은 관여도와 양의 상관관계를 갖는 것으로 나타났다. 반면 댓글의 감성은 사진의 저수준 특성과의 상관관계가 유의미하지 않거나 관여도와 반대 방향의 상관관계를 보여주었다. 명도의 분산은 댓글 감성과 양의 상관관계를 보였고, 대비와 RGB 대비 역시 댓글 감성과 양의 상관관계를 보였다. 선명함 역시 관여도와는 반대로 댓글 감성과 음의 상관관계를 보여주었다.

5. 나오며

우리 말에는 "백문이 불여일견(百聞不如一見)"이라는 말이 있고 영어에는 "A picture is worth a thousand words"이라는 말이 있다. 그만큼 하나의 시각 메시지가 많은 의미를 함축하고 있으며, 시각 메시지를 통한 표현은 언어 메시지가 표현하지 못하는 것을 표현하거나 훨씬 효율적으로 표현할 수 있다는 의미이다. 사진을 비롯한 시각 메시지는 내용적 측면에서도 언어 메시지와 차별성이 있지만, 동시에 언어 메시지는 가지고 있지 않은 화소 차원에서의 정보도 가지고 있다.

이러한 화소 차원에서의 정보를 분석함으로써 인간 커뮤니케이션의 새로운 측면을 살펴볼 수 있다.

그러나 앞서 활용사례에서 살펴본 바와 같이, 저수준 특성을 활용한 사회과학 연구들이 아직까지 활발히 진행되고 있다고 할 수는 없다. 여기에는 기술 차원의 이유도 있을 것이다. 즉 화소 차원의 정보를 수집하고 처리할 수 있는 기술이 아직까지 사회과학자들 사이에 널리 보급되지 않았기 때문일 수도 있다. 그러나 기존 사회과학 이론들이 주로 내용 중심으로 이루어져 있어서, 화소 차원에서의 커뮤니케이션에 대한 이론적 관심이 상대적으로 적은 것 역시 그 이유 중 하나일 수 있다. 우리가 일상 생활에서 경험하는 바와 같이, 시각 메시지는 그 내용뿐만 아니라 '분위기'나 '스타일'과 같은 측면에서도 사람에게 일정한 영향을 미치며, 그런 측면들을 정량화할 수 있는 지표가 바로 저수준 특성들이다. 그러나 아직까지 사회과학 내부에서는 이러한 측면에 대한 경험적 연구 결과들이 충분히 축적되어 있지 못한 상황이고, 그에 대한 이론화 작업 역시 활발히 이루어지지 못하고 있다.

따라서 사회과학 이외의 다른 학문 분야에서의 학문적 성과를 적극적으로 탐색, 활용하여, 저수준 특성을 통한 인간 커뮤니케이션의 이론화 작업이 필요한 때이다. 이는 융복합 학문의 중요성이 강조되고 있는 시대적 흐름에 발맞추는 것일 뿐만 아니라, 사회과학 분과 학문의 연구 영역을 보다 풍부하게 만드는 것이기도 하다. 사실 저수준 특성 활용을 위한 기술적 장벽은 과거에 비해 현저히 낮아진 편이다. 파이썬과 같은 비교적 쉬운 프로그래밍 언어나 OpenCV와 같은 라이브러리가 개발되어 보급됨에 따라, 크게 어렵지 않게 각종 작업을 수행할 수 있게 되었다. 이에 따라 저수준 특성과 관련한 이론적 탐구의 중요성과 필요성이 점점 커지고 있다. 컴퓨터 과학, 뇌과학, 색채 심리학, 산업 디자인학 등 관련 학문들의 성과를 사회과학에 맞게 소화함으로써, 이후 더 많은 저수준 특성들이 연구에 활용되고 사회과학적 의미가 부여될 수 있기를 바란다.

참고자료

Amati, C., Mitra, N. J., & Weyrich, T. (2014). A study of image colorfulness. Presented at the Proceedings of the Workshop on Computational Aesthetics, Vancouver, Canada.

Bakker, I., van der Voordt, T., Vink, P., & de Boon, J. (2014). Pleasure, arousal, dominance: Mehrabian and Russell revisited. *Current Psychology, 33*(3), 405 – 421. http://doi.org/10.1007/s12144-014-9219-4

Chen, Tao, & Dredze, M. (2018). Vaccine images on Twitter: Analysis of what images are shared. *Journal of Medical Internet Research, 20*(4), e130 – 18. http://doi.org/10.2196/jmir.8221

Datta, R., Joshi, D., Li, J., & Wang, J. Z. (2006). Studying aesthetics in photographic images using a computational approach. In A. Leonardis, H. Bischof, & A. Pinz (Eds.), *Computer Vision – ECCV 2006* (Vol. 3953, pp. 288 – 301). Berlin, Heidelberg: Springer Berlin Heidelberg. http://doi.org/10.1007/11744078_23

Ferwerda, B., Schedl, M., & Tkalcic, M. (2016). Using Instagram picture features to predict users' personality. In Q. Tian, N. Sebe, G.-J. Qi, B. Huet, R. Hong, & X. Liu (Eds.), *Multimedia Modeling* (pp. 850 – 861). Springer International Publishing.

Ferzli, R., & Karam, L. J. (2009). A no-reference objective image sharpness metric based on the notion of just noticeable blur (JNB). *IEEE Transactions on Image Processing, 18*(4), 717 – 728. http://doi.org/10.1109/TIP.2008.2011760

Hasler, D., & S sstrunk, S. (2003). Measuring colorfulness in natural images. In B. E. Rogowitz & T. N. Pappas (Eds.), *Human Vision and Electronic Imaging VIII* (Vol. 5007, pp. 87 – 95). International Society for Optics and Photonics. http://doi.org/10.1117/12.477378

Huang, K.-Q., Wang, Q., & Wu, Z.-Y. (2006). Natural color image enhancement and evaluation algorithm based on human visual system. *Computer Vision and Image Understanding, 103*(1), 52 – 63. http://doi.org/10.1016/j.cviu.2006.02.007

Kim, D., Son, S.-W., & Jeong, H. (2014). Large-scale quantitative analysis of painting arts. *Scientific Reports, 4*, 7370. http://doi.org/10.1038/srep07370

Kim, J. H., & Kim, Y. (2019). Instagram user characteristics and the color of their photos: Colorfulness, color diversity, and color harmony. *Information Processing & Management, 56*(4), 1494 – 1505. http://doi.org/10.1016/j.ipm.2018.10.018

Kim, Y., & Kim, J. H. (2018). Using computer vision techniques on Instagram to link users' personalities and genders to the features of their photos: An exploratory study. *Information Processing & Management, 54*(6), 1101 – 1114. http://doi.org/10.1016/j.ipm.2018.07.005

Kim, Y., & Kim, J. H. (2020). Using photos for public health communication: A computational analysis of the Centers for Disease Control and Prevention Instagram photos and public responses. *Health Informatics Journal,* Online First. http://doi.org/10.1177/1460458219896673

Li, C., & Chen, T. (2009). Aesthetic visual quality assessment of paintings. *IEEE Journal of Selected Topics in Signal Processing, 3*(2), 236 – 252. http://doi.org/10.1109/JSTSP.2009.2015077

Machajdik, J., & Hanbury, A. (2010). Affective image classification using features inspired by psychology and art theory (pp. 83 – 92). Presented at the 18th ACM International Conference on Multimedia, Firenze, Italy: ACM Press. http://doi.org/10.1145/1873951.1873965

Mehrabian, A. (1996). Pleasure-arousal-dominance: A general framework for describing and measuring individual differences in Temperament. *Current Psychology, 14*(4), 261 – 292. http://doi.org/10.1007/BF02686918

Moorthy, A. K., Obrador, P., & Oliver, N. (2010). Towards computational models of the visual aesthetic appeal of consumer videos. In K. Daniilidis, P. Maragos, & N. Paragios (Eds.), *Computer Vision – ECCV 2010* (Vol. 6315, pp. 1 – 14). Berlin, Heidelberg: Springer Berlin Heidelberg. http://doi.org/10.1007/978-3-642-15555-0_1

Obrador, P. (2008). Region based image appeal metric for consumer photos (pp. 696 – 701). Presented at the 2008 IEEE 10th Workshop on Multimedia Signal Processing (MMSP), IEEE. http://doi.org/10.1109/MMSP.2008.4665165

Obrador, P., & Moroney, N. (2009). Low level features for image appeal measurement (Vol. 7242, p. 72420T). Presented at the SPIE 7242, San Jose, CA: International Society for Optics and Photonics. http://doi.org/10.1117/12.806140

Palus, H. (2006). Colorfulness of the image: Definition, computation, and properties. In K. Kolacz & J. Sochacki (Eds.), *Lightmetry and Light and Optics in Biomedicine* (Vol. 6158, pp. 615805 – 615805 – 6). SPIE. http://doi.org/10.1117/12.675760

Panetta, K., Bao, L., & Agaian, S. S. (2016). A human visual "no-reference" image quality measure. *IEEE Instrumentation and Measurement Magazine, 19*(3), 34 – 38. http://doi.org/10.1109/MIM.2016.7477952

Panetta, K., Gao, C., & Agaian, S. S. (2013). No reference color image contrast and quality measures. *IEEE Transactions on Consumer Electronics, 59*(3), 643 – 651. http://doi.org/10.1109/TCE.2013.6626251

Park, H.-J., & Har, D.-H. (2011). Subjective image quality assessment based on objective image quality measurement factors. *IEEE Transactions on Consumer Electronics, 57*(3), 1176 – 1184. http://doi.org/10.1109/TCE.2011.6018872

Reece, A. G., & Danforth, C. M. (2017). Instagram photos reveal predictive markers of depression. *EPJ Data Science, 6*(15), 1 – 12. http://doi.org/10.1140/epjds/s13688-017-0110-z

Russell, J. A., & Mehrabian, A. (1977). Evidence for a three-factor theory of emotions. *Journal of Research in Personality, 11*(3), 273 – 294.

San Pedro, J., & Siersdorfer, S. (2009). Ranking and classifying attractiveness of photos in folksonomies (pp. 771 – 780). Presented at the Proceedings of the 18th International Conference on World Wide Web, Madrid, Spain: ACM. http://doi.org/10.1145/1526709.1526813

Savakis, A. E., Etz, S. P., & Loui, A. C. (2000). Evaluation of image appeal in consumer photography. In B. E. Rogowitz & T. N. Pappas (Eds.), *Human Vision and Electronic Imaging V* (pp. 111 – 120). SPIE – IS&T.

Segalin, C., Perina, A., Cristani, M., & Vinciarelli, A. (2016). The pictures we like are our image: Continuous mapping of favorite pictures into self-assessed and attributed personality traits. *IEEE Transactions on Affective Computing, 8*(2), 268 – 285. http://doi.org/10.1109/TAFFC.2016.2516994

Valdez, P., & Mehrabian, A. (1994). Effects of color on emotions. *Journal of Experimental Psychology: General, 123*(4), 394 – 409.

Wang, S., & Ji, Q. (2015). Video affective content analysis: A survey of state-of-the-art methods. *IEEE Transactions on Affective Computing, 6*(4), 410 – 430. http://doi.org/10.1109/TAFFC.2015.2432791

Yendrikhovski, S. N., Blommaert, F. J. J., & de Ridder, H. (1998). Perceptually optimal color reproduction. In B. E. Rogowitz & T. N. Pappas (Eds.), *Human Vision and Electronic Imaging III* (Vol. 3299, pp. 274 – 282). International Society for Optics and Photonics. http://doi.org/10.1117/12.320117

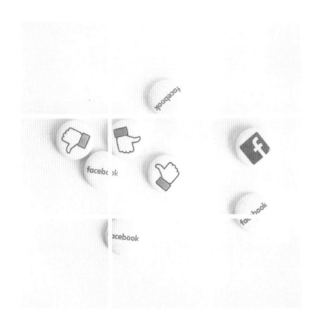

사회/의미망(소셜/시멘틱) 네트워크 분석을 이용한 연구 사례

김장현·김병준·김윤환

본 장에서는 저자의 연구를 중심으로 소셜네트워크 분석이나 시멘틱 네트워크 분석이 실제 연구에서 어떻게 적용되는지를 간략히 정리해 보았다.

　먼저 Hong et al.(2018)은 세월호 사건에 대한 온라인상의 논의들이 어떤 양상으로 진행되는지를 살펴보았다. 세월호 사건과 같은 대형 재난이 발생했을 때, 사람들은 온라인상에서 그에 대한 논의들을 통해 정보를 공유하고, 슬픔을 나누고, 상처를 치유하는 등의 모습을 보인다. 이러한 모습의 구체적 양상을 살펴보기 위해, 세월호 사건이 일어난 2016년 4월 16일 이후 1년의 기간 중 세 시기(4월 16일-5월 16일, 10월 1일-10월 31일, 3월 16일-4월 16일) 동안 네이버 블로그와 네이버 카페에 게시된 게시물 중 '세월호'라는 검색어와 관련된 게시물들을 수집하여 분석하였다. 의미 연결망 분석(semantic network analysis)을 통한 분석 결과, 각 시기마다 다른 핵심 단어들이 탐지되었다. 첫 번째 시기에는 뉴스와 사실 정보와 관련된 단어들이 많이 사용되었고, 구조에 대한 희망을 표현하는 단어들도 일부 사용되었다. 두 번째 시기의 단어들은 첫 번째 시기와 유사했지만, 보다 긍정적이고 감정적인 단어들이 많이 사용되었다. 세 번째 시기에는 희생자들을 추모하고 유가족들의 슬픔을 표현하는 단어들이 주로 사용되었다.

위 연구는 온라인을 통한 감정적 공유의 측면을 연구 대상으로 삼았다는 점에서 의의를 찾을 수 있다. 보통 인터넷이나 온라인 공간을 '정보의 바다'라고 표현하며 이성적이고 사실 위주의 정보 교환 측면에서의 기능이 강조되는 경향이 있다. 그러나 최근에는 이용자들이 온라인을 통해 공통의 감정을 함께 나누며 서로의 마음을 어루만지는 정서적 교류의 모습도 보이고 있다. 특히 세월호 사건과 같은 거대한 재난 상황에서는 더욱 활발하고 광범위한 감정적 공유의 모습을 보인다. 이러한 현상에 대한 연구는 디지털 사회과학의 연구 영역을 보다 다양하게 만들 수 있다. 한편 연구 방법의 측면에서, 의미 연결망 분석은 방대한 분량의 텍스트를 효과적으로 요약하고 핵심적 논의 구조를 간명하게 보여줄 수 있는 효과적인 방법이다. 위 연구는 의미 연결망 분석을 통해 온라인 상의 상호작용을 살펴본 연구의 좋은 사례가 될 수 있을 것이다.

다음으로 소개할 Kim & Kim(2018)은 두 연구자가 지속하고 있는 이미지분석 연구시리즈의 일부이다. 인스타그램 이용자의 성격적 특성과 그들이 게시한 사진 사이의 관계를 살펴보았다. 인스타그램 이용자를 대상으로 온라인 설문을 실시하여 그들의 성격을 측정하고, 그들의 인스타그램 계정으로부터 사진을 다운로드하여 분석에 사용하였다. 성격은 성격심리학에서 자주 사용되는 측정도구 중 하나인 성격 5요인(Big-Five personalty traits)을 통해 분석하였고, 성별도 측정하였다. 게시된 사진의 특성은 크게 내용적 차원과 화소적 차원으로 나누어 분석하였다. 분석 결과, 사진의 내용 범주에 따른 빈도는 이용자의 외향성 및 성별에 따라 차이가 있는 것으로 나타났으며, 사진에 나타난 얼굴 개수 역시 이용자의 외향성, 성실성, 친화성과 관련이 있음이 밝혀졌다. 또한 화소의 RGB값의 평균은 친화성과, RGB값의 분산은 외향성과 유의미한 상관관계를 나타내는 등, 인스타그램 사진의 화소적 차원의 특성도 이용자의 성격과 관련이 있는 것으로 나타났다.

위 연구는 사진 중심의 소셜 미디어인 인스타그램을 연구 대상으로 삼았다는 점에서, 디지털 사회과학의 연구 영역을 확장시켰다는 의의를 찾을 수 있다. 소셜 미디어에 대한 많은 연구들이 트위터 등 주로 텍스트 데이터를 사용한 것에 비해, 사진 데이터를 분석한 연구는 소셜 미디어 커뮤니케이션의 또 다른 측면을 조망했다는 점에서 의의가 있다. 연구 방법 측면에서는 온라인 인공지능 서비스를 활용했다는 측면에서 주목할 가치가 있다. 주로 인간 코더를 통해 데이터의 내용을 분석해오던 기존의 사회과학 연구 기법에 비하면, 많은 분량의 데이터를 빠른 시간에 분석할 수 있다. 뿐만 아니라, 코더의 주관에 의존하는 것에서 벗어나 동일한 기준으로 데이터를 분석할 수 있다. 위 연구는 온라인 인공지능 서비스를 활용한 연구의 사례로서 큰 의의를 찾을 수 있을 것이다.

Kim & Kim(2019)은 인스타그램 이용자의 성격적 특성과 사진의 색채적 특성 사이의 관계를 살펴보았다. 색채는 대표적인 저수준 특성의 하나로서, 사람에게는 자극으로서 기능하면서도 동시에 반응을 표현하는 통로가 될 수도 있다. 즉 특정한 색채를 사람에게 보여주면, 그에 따라 각종 심리적, 생리적 반응이 나타난다. 동시에 사람들은 자신의 상태를 옷, 장신구, 그림, 소셜 미디어 사진 등의 색채를 통해 드러낸다. 이 중 소셜 미디어 사진에 나타난 사진의 색채는 게시자의 특성이나 상태를 나타내주는 지표가 된다. 위 연구는 색채 화려함(colorfulness), 색채 다양성(color diversity), 색채 조화(color harmony) 등 세 가지의 측정치를 통해 인스타그램에 게시된 사진의 색채적 특성을 측정하였다. 그리고 온라인 설문 조사를 통해 측정한 이용자 특성과 색채적 특성과의 연관성을 살펴보았다. 연구 결과, 친화성이 모든 색채적 특성과 연관되는 가장 관련성 있는 변수인 것으로 나타났다. 또한 신경성이 높은 이용자의 사진은 색채의 조화로움이 낮은 것으로 나타났고, 외로움, 특히 외로움의 수준이 높은 이용자의 사진은 색채의 다양성이 낮은 것으로 나타났다. 아울러 외향성이 높은 이용자의 사진은 색채의 다양성도 높은 것으로 나타났다.

위 연구는 그동안 사회과학에서 많은 관심을 받지 못했던 색채에 대한 연구라는 점에서 큰 의의를 갖는다. 앞서 언급했듯이 색채가 인간의 일상에 중요한 역할을 한다는 것을 부인하기는 어렵다. 그러나 그동안은 색채를 측정할 기술과 측정 결과를 조명할 이론적 시각의 부족으로 인해, 사회과학 연구에서 색채는 큰 주목을 받지 못했다. 이런 측면에서, 위 연구는 디지털 사회과학의 연구 영역의 확장이라는 의의를 갖는다. 동시에 위 연구는 계산 사회과학(computational social science)의 사례 중 하나로 평가할 수 있다. 계산 사회과학은 사회과학의 연구 문제를 계산 과학적 문제로 설정하고, 컴퓨터를 사용한 연산을 통해 문제를 해결하는 접근을 일컫는다. 위 연구에서 사용한 색채 화려함, 색채 다양성, 색채 조화 등의 저수준 특성들은 화소의 RGB 값, 명도와 채도 등 화소 속의 1차적 수치들에 각종 연산을 적용하여 도출한 2차적 수치들이라 할 수 있다. 이처럼 계산 과학적 방식을 사회과학에 적용한 사례로서 위 연구의 의의를 찾을 수 있을 것이다.

Lee et al.(2018)은 온라인 상에서의 다수 의견의 형성 메커니즘에 대해 데이터에 기반한 분석을 실시하였다. 다수 의견의 형성, 특히 온라인상에서의 다수 의견의 형성 메커니즘에 대해서는 많은 연구들이 진행된 바 있다. 그러나 데이터에 기반한 연구들은 많지 않은 것이 사실이다. 위 연구는 페이스북 페이지의 포스트마다 달려 있는 좋아요 (Like)의 개수의 분포를 분석하였다. 이 분포가 얼마나 편포(skew)되어 있는지를 통해 다수의 의견의 형성 과정을 살펴본 것이다. 분석 결과, 편포 정도의 증가에 있어 시간은 결정적인 요인이 아니었지만, 댓글의 수는 편포 정도의 증가와 관련이 있는 것으로 나타났다. 이러한 결과는 밴드 웨건 효과(bandwagon effect)가 온라인상에서 다수의 의견 형성의 주요 메커니즘이라는 것을 보여준다. 동시에 온라인상에서의 다수 의견의 영향력이 실제보다 더 부풀려져서 인식될 수 있는 위험성도 함께 보여준다.

위 연구는 다수 의견 형성이라는 전통적인 주제와 소셜 미디어 데이터 분석이라는 연구 기법을 결합했다는 점에서 의의를 찾을 수 있다. 특히 소셜 미디어 데이터를 분석함에 있어, 복잡한 비정형 데이터 분석 방법이 아니라도 전통적인 통계 분석을 적절히 적용하면 얼마든지 유의미한 결과를 도출할 수 있다는 것을 잘 보여주고 있다. 또한 다수 의견 형성과 관련된 전통적인 메커니즘인 밴드 웨건 효과가 온라인 상에서도 나타난다는 것을 보여주었다. 위 연구는 방법과 결론 측면에서 계산 사회과학이 빠지기 쉬운 오류에 대한 좋은 경종이 될 수 있다. 즉 계산 과학적인 방법이라고 해서 무조건 최신의 복잡한 기법만을 강조할 것이 아니라, 해결하고자 하는 문제에 가장 적절한 방법을 택하여 실행하는 것이 최선임을 보여주었다는 점에서 의의를 찾을 수 있다.

김슬기, 김장현(2019)은 〈네이버 영화〉 페이지의 리뷰 데이터를 수집, 분석하여, 빈출 단어를 통해 영화 관람객의 반응을 살펴보았다. 의미 연결망 분석을 통해 영화에 대한 리뷰를 구성하는 핵심 단어들을 시각화함으로써, 영화 리뷰를 한 눈에 이해할 수 있도록 하였다. 이와 같은 방법은 많은 양의 데이터를 편리하게 이해할 수 있는 학술적 의의를 가질 뿐 아니라, 소비자들의 반응을 빠르고 간단하게 확인하여 그에 대해 반응할 수 있는 리뷰 인터페이스 구현으로 이어질 수 있는 실무적 의의도 갖는다. 영화 리뷰를 분석함에 있어서 의미망 분석방법을 적용한 연구는 많지 않지만, 최근에는 토픽 모델링, 감성분석 등과 함께 차츰 적용되는 추세이다. 현재 '박스오피스'라 불리는 극장상영 매출을 예측하는 변수로서 이러한 자연어처리를 통한 텍스트 특성을 활용하려는 움직임이 많이 일고 있다. 어느 정도 예측력이 있을지는 미지수이지만, 재미있는 시도라고 하겠다.

Shim, Yoo & Kim(2019)은 산업적으로 큰 의미가 있는 플랫폼 비즈니스에 대한 공중의 이해가 어떤 식으로 형성되어 있는지 살펴보았다. 트위터와 뉴스 보도에서 플랫폼 비즈니스와 관련된 트윗과 뉴스를 수집하여, 의미 연결망 분석을 실시하였다. 분석 결과, 플랫폼 비즈니스에 대한 뉴스 보도 내용과 트윗의 내용에는 큰 차이는 없는 것으로 나타났다. 또한 공중은 플랫폼 비즈니스에 대한 인식을 형성해 나가고 있는 과정이라 볼 수 있다. 플랫폼 비즈니스는 일상에 점점 더 깊이 침투하고 있지만, 아직 그 영향에 관해서는 뉴스에서도, 트윗에서도 심각하게 논의하고 있다고 보여지지는 않는다.

Kim & Kim(in press)은 미국 질병통제예방센터(CDC) 인스타그램에 게시된 사진의 특성과 그에 따른 공중의 관여도 사이의 관계를 분석하였다. 인스타그램과 같은 사진 중심의 소셜 미디어가 널리 사용되고 있는 상황에서, 공중 보건 조직이 사진이 갖는 특성을 잘 살리는 방식으로 공중과 커뮤니케이션 하고 있는지를 살펴본 것이다. Microsoft Azure Cognitive Services의 Computer Vision API와 Face API를 통해 사진의 내용 및 등장 얼굴의 특성에 대해 측정하였고, OCR API를 통해 사진에 찍혀진 글자를 탐지하였다. 분석 결과, 공중 보건과 관련된 행동을 촉구하는 핵심 메시지를 텍스트로 만들어 사진에 표시하고 동시에 그와 관련된 자세한 정보 소스를 사진의 캡션에 표시하는 것이 질병통제예방센터 인스타그램 계정의 주된 커뮤니케이션 방식인 것으로 나타났다. 또한 사진들에 등장하는 얼굴들의 평균 개수와 크기, 그리고 얼굴에 드러난 감정에 따라 게시물의 관여도에 차이가 있는 것으로 나타났다.

위 연구는 주제 측면에서 조직이 공중을 상대로 진행하는 커뮤니케이션 중 사진을 통한 커뮤니케이션에 주목했다는 점에서 의의를 찾을 수 있다. 사진 한 장은 여러 마디의 말로 표현하지 못하는 메시지를 담을 수도 있고, 같은 메시지라도 언어 형태에 비해 훨씬 효율적으로 전달할 수 있다. 따라서 공중을 상대로 커뮤니케이션을 진행하는 조직의 입장에서 사진을 통한 커뮤니케이션은 매우 효과적인 수단이 될 수 있다. 기존에는 지면 광고 등 제한된 매체를 통해서만 가능했던 공중과의 시각 커뮤니케이션이, 인스타그램 등 시각 중심의 소셜 미디어의 등장과 확산으로 인해 손쉬운 수단 중 하나로 자리매김했다. 그러나 기존 연구들에서는 시각 매체를 통한 조직의 커뮤니케이션에 많은 관심을 기울이지 못했다. 위 연구는 이처럼 기존 연구가 소홀했던 부분을 다룸으로써 디지털 사회과학의 연구 영역을 확장했다는 의의를 갖는다. 연구 방법 측면에서도 인공지능 서비스를 이용하고, 특히 시각 데이터와 텍스트 데이터를 동시에 다루었다는 점에서 후속 연구들의 좋은 사례가 될 수 있을 것이다.

Han, Kim & Kim(2017)은 휴대폰 분리 불안(nomophobia)에 대한 연구를 실시하였다. 이용자를 대상으로 한 설문조사를 통해 휴대폰 분리 불안을 일으키는 요인을 살펴보았다. 구조 방정식 모델링을 통한 분석 결과, 스마트폰이 불러 일으키는 개인적 기억으로 인해 이용자들은 자신의 정체성을 스마트폰에 투영하는 것으로 나타났다. 이로 인해 그들은 스마트폰을 더 가까이 하게 되고, 이것이 다시 더 높은 수준의 휴대폰 분리 불안 증상으로 이어지는 것이다. 동시에 위 연구에서는 의미 연결망 분석도 함께 실시하였다. 스마트폰이 자신에게 어떤 의미가 있는지를 서술한 이용자의 발언을 분석한 결과, 기억, 자아, 근접 추구 등의 단어들이 휴대폰 분리 불안 증상을 가진 사람들에게서 더 많이 등장하는 것으로 나타났다.

위 연구는 인과관계 중심의 통계 모형인 구조 방정식 모델링과 텍스트 분석 방법론인 의미 연결망 분석을 결합한 연구로서의 의의를 갖는다. 두 방법의 목적과 절차가 상이함에도 불구하고, 하나의 연구에서 어떤 식으로 함께 사용될 수 있는지 잘 보여주고 있다.

Lim & Kim(2018)은 제품 결함으로 인해 촉발된 위기 상황에서 소비자들의 반응에 대한 연구를 실시하였다. 구체적으로 삼성의 사례를 연구했는데, 갤럭시 노트 7의 폭발 사건으로 인해 대규모 리콜이 실시되었고 그에 대한 소비자들의 반응을 살펴보았다. 삼성의 블로그와 페이스북 페이지에 게시된 소비자들의 게시물들을 시기별로 구분(출시, 1차 리콜, 사용 중지 권고, 2차 리콜, 보상 프로그램)하였고, 각 시기에 해당하는 게시물들을 대상으로 의미 연결망 분석을 실시하였다. 각 시기에 따라 소비자들은 다른 감정을 드러냈는데, 특히 1차 리콜 시기에는 긍정적이었던 감정이 2차 리콜에서는 부정적으로 바뀌었음을 발견하였다. 이는 제품의 결함에 대해 정확한 사실 정보를 소비자에게 제공하고 시의 적절한 리콜을 실시하는 것이 중요하지만, 동시에 근본적인 원인을 해결하여 추가 리콜이 실시되지 않도록 하는 것도 중요하다는 것을 의미한다.

위 연구는 기업의 위기 상황에서 소비자의 반응을 살펴보는 연구에 의미 연결망 분석을 사용함으로써, 의미 연결망 분석의 적용 범위를 확대하는데 기여했다는 점에서 의의를 찾을 수 있다. 대규모의 텍스트를 구성하는 단어들 사이의 의미 관계를 네트워크의 형태로 표현함으로써, 전체적인 텍스트의 의미를 쉽게 파악할 수 있을 뿐만 아니라 세부 개념들도 동시에 살펴볼 수 있다. 이러한 방법은 제품에 대한 소비자들의 반응을 신속히 살피며 적절한 대응책을 마련해야 하는 기업에게 유용한 방법이며, 특히 제품 결함으로 인한 리콜 등 위기 상황에서 더욱 유용하게 사용될 수 있다.

요약하면, 의미망 분석이나 토픽 모델링, 감성 분석은 코더가 일일이 텍스트를 읽어가면서 분석하던 전통적 내용분석(content analysis)의 한계를 극복 내지는 보완하는 의미있는 방법론적 전환이라고 할 수 있다. 차츰 이미지의 픽셀 단위 분석이나 동영상의 프레임+픽셀 단위 분석까지 도입되면, 멀티미디어 텍스트를 구성하는 단어, 이미지, 동영상을 복합적으로 분석하는 기법이 일반화될 가능성도 머지않았다. 데이터기반 디지털 사회과학이 일으키게될 변화가 더욱 기다려진다.

참고자료

김슬기, & 김장현. (2019). 의미연결망 분석을 활용한 영화 리뷰 시각화. 한국정보통신학회논문지, 23(1), 1-6.

Han, S., Kim, K. J., & Kim, J. H. (2017). Understanding nomophobia: Structural equation modeling and semantic network analysis of smartphone separation anxiety. Cyberpsychology, Behavior, and Social Networking, 20(7), 419-427.

Hong, J. Y. J., Kim, N., Lee, S., & Kim, J. H. (2018). Community Disaster Resilience and Social Solidarity on Social Media: A Semantic Network Analysis of the Sewol Ferry Disaster. Information Research: An International Electronic Journal, 23(3), n3.

Kim, Y., & Kim, J. H. (in press). Using photos for public health communication: A computational analysis of the Centers for Disease Control and Prevention Instagram photos and public responses. Health Informatics Journal, 1460458219896673.

Kim, J. H., & Kim, Y. (2019). Instagram user characteristics and the color of their photos: Colorfulness, color diversity, and color harmony. Information Processing & Management, 56(4), 1494-1505.

Kim, Y., & Kim, J. H. (2018). Using computer vision techniques on Instagram to link users' personalities and genders to the features of their photos: An exploratory study. Information Processing & Management, 54(6), 1101-1114.

Lee, S., Ha, T., Lee, D., & Kim, J. H. (2018). Understanding the majority opinion formation process in online environments: An exploratory approach to Facebook. Information Processing & Management, 54(6), 1115-1128.

Lim, J., & Kim, J. H. (2018). Examining Risk Communication of Samsung by Analysing Customer Reaction on Social Media : From Galaxy Note 7 Explosion to Galaxy S8 Release. 8th International Conference on Computer Science, Engineering and Applications. DOI: 10.5121/csit.2018.80306

데이터기반 디지털 사회과학: 교육과 연구 사례

초 판 1쇄 인쇄 2019년 12월 26일
초 판 1쇄 발행 2019년 12월 31일

지은이 김장현 · 김윤환 · 이겨레 · 김병준
펴낸이 신동렬
책임편집 신철호
편집 현상철 · 구남희
마케팅 박정수 · 김지현

펴낸곳 성균관대학교 출판부
등록 1975년 5월 21일 제1975-9호
주소 03063 서울특별시 종로구 성균관로 25-2
전화 760-1253~4
팩스 762-7452
홈페이지 press.skku.edu

ISBN 979-11-5550-385-0 93370

※잘못된 책은 구입한 곳에서 교환해드립니다.